Bildnachweis:
Die Bilder des Textteils: Margarete Franz
Coverfoto: Margarete Franz
Kartenicon: © Stepmap GmbH, Berlin
Karte: © Cartomedia, Karlsruhe

Bibliografische Information der Deutschen Bibliothek:
Die Deutsche Bibliothek verzeichnet diese Publikation in der deutschen Nationalbibliografie. Detaillierte bibliografische Daten sind im Internet über http://dnb.ddb.de abrufbar.

© 2010 traveldiary.de Reiseliteratur-Verlag, Hamburg
www.traveldiary.de

Der Inhalt wurde sorgfältig recherchiert, ist jedoch teilweise der Subjektivität unterworfen und bleibt ohne Gewähr für Richtigkeit, Vollständigkeit und Aktualität. Nachdruck, auch auszugsweise, nur mit schriftlicher Genehmigung des Verlages. Bei Interesse an Zusatzinformationen, Lesungen o.ä. nehmen Sie gerne Kontakt zu uns auf.

Umschlagentwurf und Layout: Jürgen Bold, Jens Freyler
Satz: Jens Freyler
Druck: Livoniaprint

ISBN 978-3-941796-05-8

Margarete Franz

Abenteuer Assam

Eine Reise durch den Nordosten Indiens

Vorwort

„Alles, was man über Indien sagt, ist ebenso richtig wie falsch", hat vor Jahren ein Kenner des Landes festgestellt. Das stimmt heute noch und mag mit der bei uns gängigen Meinung zusammenhängen, dass es sich um ein Schwellenland handele, in dem die Schere zwischen Armen und Reichen weit auseinander klafft, das aber auch mit seiner Schönheit in Architektur, Kunst und Kultur anziehend wirkt, um nur einige Aspekte zu nennen. Den wichtigsten Grund aber, der unweigerlich zu einer irrigen Meinung führen kann, übersieht man meist. Es gibt kaum ein Land, das wie Indien eine größere Vielfalt von Völkerschaften und Religionen hat und das derzeit, zwar langsam, doch zielbewusst, auf dem Weg zur ökonomischen Weltmacht ist. Um der Gefahr von Verallgemeinerung zu entgehen, ist es am besten, wenn man sich nur einem der achtundzwanzig Bundesstaaten Indiens widmet, denn jeder hat sein unverwechselbares Flair.

Assam, der Bundesstaat im fernen Nordosten der Indischen Union war mein Ziel, drei Jahre lang und immer wieder.

Ich will über das in Assam Erlebte berichten, in dem Bemühen, alle Erfahrungen unterschiedslos zu schildern, weil ich mich ohne Für und Wider darauf eingelassen habe. Das mag abenteuerlustig klingen. Nur, verkommt nicht eine Reise ohne Bereitschaft zum Abenteuer, das einen Blick hinter die Kulisse des Üblichen ermöglicht, zu einer zwar interessanten, vermutlich auch eindrucksvollen, aber eben zu einer simplen Besichtigungstour? Verborgenes wird sich so kaum öffnen. Schon gar nicht in unserer Zeit, in der sich die Kulturen gegenseitig durchdringen, in der selbst in den entlegensten Winkeln der Erde moderne Technologie Einzug gehalten hat und in der so manche wertvolle Tradition überdeckt ist von Modernem, weil man sich ihrer schämt.

In diesem Sinne will dieses Tagebuch verstanden sein.

Inhalt

Erste Begegnung mit Assam	7
Mit dem Jeep durch Assam	19
Bomben und Lyrik, Pyramiden und Paläste	24
Missings, Moslems und Hindus	36
Majuli, größte bewohnte Flussinsel der Welt	54
Schamanen, Handwerk und Sakraltanz	63
Eine Schriftstellerin, ein Heiler und zwei blinde Passagiere	81
Thengal Manor, Assam-Tee und die Fahrt nach Kaziranga	96
Lady Jane und Mutter Indien	102
Der Kamakhya-Tempel und die Universität von Guwahati	114
Bei den Seidenwebern von Sualkuchi, Abschied vom Brahmaputra	122
Erlebnisse beim Abflug	128
Meghalaya – Land in den Wolken	131
Karte	143

wer ist blind?
der eine andere welt
nicht sehen kann.

wer ist stumm?
der zur rechten zeit nicht
liebes sagen kann.

wer ist arm?
der von allzu heftigem
verlangen gequälte.

wer ist reich?
dessen herz zufrieden ist.

(Indische Weisheit)

Erste Begegnung mit Assam

Assam, bei uns wegen seines Tees bekannt und geschätzt, einer von sieben Bundesstaaten im äußersten Nordosten der Indischen Union, wird zurzeit noch selten von ausländischen Touristen besucht. Vermutlich liegt es abseits der üblichen Touristenwege, obwohl durchaus gut per Flugzeug zu erreichen. Selbst regelmäßige Zugverbindungen von indischen Metropolen wie Kalkutta und New Delhi gibt es. Die isolierte geographische Lage Assams mag wohl am mangelnden Tourismus Schuld tragen. Denn nur ein schmaler Landkorridor verbindet Assam mit dem indischen Nachbarstaat Bengalen.

Assam wie auch Nordbengalen liegen zu Füßen des Himalayas, und bei guter Sicht sind einige der schneebedeckten Gipfel dieses gewaltigen Gebirgszuges in der Ferne zu erkennen.

Obwohl mich in den vergangenen Jahren die Berge des Himalaya magisch angezogen hatten, war es diesmal ein Fluss, einer der mächtigsten Ströme Asiens, der mich nach Nordostindien führte, der Brahmaputra. Diesen, auf seine Weise geheimnisvollen Fluss wollte ich erleben und die Menschen an seinen Ufern. Brahmaputra, Assam und die Assamesen, was immer wir uns in Europa darunter vorstellen, hatten mich neugierig gemacht. Der Brahmaputra als Lebensader Assams, eines weiten, fruchtbaren Schwemmlandes zu beiden Seiten seiner Ufer, sollte mich in eine andere und auf sonderbare Weise vertraute Welt führen.

Brahmaputra heißt dieser mächtige Strom allerdings nur in Indien. Er trägt mehrere Namen. Das wohl macht ihn geheimnisvoll und anziehend. Lange Zeit übrigens waren sich sogar die Geographen nicht einig, ob es sich bei dem tibetischen Yarlung Tsangpo um den Brahmaputra handelt. Forscher des 20. Jahrhunderts haben das Problem inzwischen gelöst: Es ist ein und derselbe Fluss. Jere van Dyk, einer jener Forscher, beschrieb den Brahmaputra so: „Wie eine Hindugottheit hat dieser Fluss viele Avatare oder Inkarnationen. Er wechselt Namen und Wesen mit den unzähligen Kulturen und Landschaften an seinen Ufern."

In Tibet in der Nähe des heiligen Berges Kailash entspringend, dort Yarlung Tsangpo genannt, fließt er als höchster Fluss der Welt im Süden Tibets von West nach Ost, um sich mit einer scharfen Biegung am Himalaya-Berg Namche Bawar seinen Weg in Richtung Süden, in die indischen Bundesstaaten Arunachal Pradesh und Assam zu bahnen. Mit wilder Kraft durchbricht er den Gebirgsriegel der östlichen Himalaya-Ausläufer, um Hunderte von Metern tief in die geheimnisumwobenen Tsangpo-Schluchten hinunterzudonnern.

Mit dem Erreichen des Bundesstaates Arunachal Pradesh wechselt er seinen Namen. Dort heißt er Siang, durchtobt, teils wild, stellenweise sogar mit einer gewissen Anmut, von Hochgebirgsregenwald gerahmt, dieses von vielerlei Ethnien, zumeist tibetischen Ursprungs, bewohnte Land, um endlich in der assamesischen Ebene zum Brahmaputra zu werden. Das ist sein offizieller, in Atlanten vermerkter Name. Alte Assamesen nennen ihn Luit, den roten Fluss, den aus Legenden geborenen Fluss.

Seine ungewöhnliche, als gefährlich geltende Strömung kommt nicht von ungefähr, überwindet er doch insgesamt ein Gefälle von über dreitausend Metern, ehe er in Assam scheinbar ruhiger fließt. Zusätzlich sorgen besonders dort ständig wechselnde, sichtbare und unsichtbare Sandbänke im Flussbett für Probleme.

Wie schwierig eine Fahrt auf diesem Strom sein kann, erfuhr ich kürzlich in Tibet. Damals brach während der Überfahrt vom Kloster Samje nach Tsetang plötzlich ein heftiger Sturm los. Sandkörner, vermischt mit Regentropfen, peitschten die Gesichter der Passagiere, nahmen jegliche Sicht. Der tibetische Bootsmann hatte alle Mühe, unsere als Fähre dienende Nussschale stabil zu halten und Sandbänken auszuweichen. Glücklich und unversehrt gelandet, mag damals in mir der Wunsch gereift sein, wenigstens den Unterlauf dieses Flusses zu erfahren, die Menschen an seinen Ufern zu erleben, herauszufinden, wie sie mit den Errungenschaften unserer Zeit umgehen, wie sie etwa auf Touristen reagieren.

Kreuzfahrten sind „in" heutzutage, neuerdings Flusskreuzfahrten, auch solche auf Flüssen in anderen Erdteilen. So nahm ich die Gelegenheit wahr, an einer als Pionierreise angekündigten Kreuzfahrt auf dem Brahmaputra teilzunehmen. Pionierreise klingt abenteuerlich, klingt nach einer Reise ohne die übliche Routine. Es sollte überprüft werden, ob der betreffende Reiseveranstalter eine Flusskreuzfahrt auf dem Brahmaputra in sein Programm aufnehmen kann. Gerade das Richtige für mich, um Brahmaputra, Assam und die Assamesen wenigstens erst einmal ansatzweise kennen zu lernen.

In Guwahati, einer alten Königsstadt und jetzigen Hauptstadt Assams, fing das Abenteuer wenig abenteuerlich an. Wie bei anderen Reisen auch wurden die wichtigsten Sehenswürdigkeiten besichtigt, vor allem der Kamakhya-Tempel. Der viele hundert Jahre alte Tempel gilt als bedeutendes Heiligtum der tantrischen Richtung des Hinduismus. Außer Kamakhya gibt es nur noch zwei weitere Tempel dieser Art in Indien. Alle gelten als Kraft-Orte, weil dort Shakti, die weibliche Energie Shivas, verehrt wird. Kamakhya aber ist für indische Tantriker von besonderer Bedeutung. Jeder Inder, dem man von Guwahati erzählt, fragt augenblicklich nach Kamakhya. Und auch uns Touristen nahm die eigentümliche Atmosphäre dieses Kraft-Ortes gefangen. Die Eindrücke lassen sich nur schwer in Worte fassen. Dennoch will ich es versuchen:

im kamakhya-tempel

ort voller kraft
dass man meint
steine sprechen zu hören

pilger
dicht gedrängt –
nichts denken
nichts fühlen
augenblicke
von ewigkeit durchweht –
bis freude wie ein regenbogen
das herz umfängt.
um magisches schweigen wissen…

„Der Name Brahmaputra bedeutet ‚Sohn des Brahma', des höchsten Hindu-Gottes", erklärte der indische Reisebegleiter, ein Brahmane übrigens, der es wissen muss. Der Sohn des Weltenschöpfers Brahma also, der geheimnisvolle, aus Legenden geborene Fluss und der einzige Fluss Indiens mit einem männlichen Artikel, sollte uns nach Nordosten tragen. Die assamesische Universitätsstadt Dibrugarh, bei uns vermutlich ebenso unbekannt wie Guwahati, war unser Ziel.

Würde der Sohn des Brahma sich hier am Unterlauf ebenso gefährlich und unberechenbar gebärden wie in Tibet? „Im November regnet es meist nicht im sonst regenreichen Assam", wischte Sumit, unser Betreuer, die Bedenken weg. „Mit den damit verbundenen plötzlichen Änderungen des Wasserstandes und entsprechenden Problemen haben wir folglich nicht zu rechnen. Es besteht einzig die Gefahr, auf eine Sandbank aufzulaufen, aber dies nur zu etwa sechzig Prozent." Wie tröstlich…

Die restlichen Bedenken versanken in einer wundersam beruhigenden Atmosphäre. Hing sie mit dem Dahingleiten auf den Wassern des mächtigen Stromes zusammen? Oder war es die dunstige Weite, die uns und das Schiff umgab? Wie auch immer, wir fühlten uns sehr bald verzaubert, in eine andere Welt versetzt. Wie uns zumute war, könnte man etwa so umschreiben:

Sonnenuntergang am Brahmaputra

auf dem brahmaputra

durchsichtige Tage
wie der abglanz eines verlorenen traums
schnitt zwischen gestern und nie-mehr

dunstige weite
von lockender leichtigkeit
schreibt
beglückende ruhe ins herz.

-.-.-.-.-.-

auf einem seil
zwischen zwei welten wandern…

Scheinbar behäbig floss er dahin, der Brahmaputra. Und unser Schiff, die Charaidew, stampfte, wie es schien, unangefochten ihren Weg flussauf. Bei näherer Betrachtung erwies sich der Fluss keineswegs als behäbig. Das Schiff kam nur äußerst langsam vorwärts, weil eine von uns nicht wahrnehmbare starke Strömung die Charaidew daran hinderte, auch nur um einen Deut schneller zu fahren. Die unvorstellbare Breite des Brahmaputra von dreißig, stellenweise sogar fünfzig Kilometern narrte uns, dass wir schwerlich etwas von der kraftvollen Strömung bemerken konnten, zumal die Ufer keine Anhaltspunkte boten. Denn die waren entweder gar nicht oder nur mit einem starken Fernglas schemenhaft zu erkennen.

Auf der Brücke des Schiffes sorgte man unablässig und angestrengt für unsere Sicherheit. Vier Personen, Schiffsführer und Lotsen, mühten sich, die Charaidew um zahlreiche mehr oder weniger große Strudel und vor allem an den unsichtbaren Sandbänken und Untiefen vorbei zu navigieren.

Ein paar einsame Fischerboote verloren sich in der Weite des Stromes. Anderen Schiffsverkehr gibt es nicht, aus gutem Grund. Wegen der häufig wechselnden Sandbänke und Untiefen – Spezialschiffe, die eine Fahrrinne ausbaggern könnten, sind eine Illusion – gilt der Brahmaputra hier als nahezu unbefahrbar.

Und ausgerechnet diesen Fluss wollte ich in seinem Unterlauf erkunden. Hoffentlich nicht zu nah… Ein Schiffsunglück allerdings war es nicht, das mir zu schaffen machte. Ein Abenteuer völlig anderer Art sorgte dafür.

Vorerst einmal ging alles seinen Gang. Der Schiffsalltag mit seiner geruhsamen Regelmäßigkeit, die freundliche, uns fürsorglich verwöhnende assamesische Besatzung und Sumit, der Reisebegleiter, verstanden es, unsere Gedanken auf das Neue, das uns Erwartende zu lenken.

Einige in Ufernähe liegende Dörfer, Jorhat, das Zentrum des assamesischen Teeanbaus, die alte Königsstadt Sibsagar und nicht zuletzt eine unvorstellbar große, dicht besiedelte Flussinsel mit Namen Majuli sollten wir besuchen. Alles Neuland für Touristengruppen. Doch auch wir waren neu für die Menschen an den Flussufern und ein ungewöhnliches, vielleicht sogar gewöhnungsbedürftiges Ereignis für die Assamesen. Um Fehler zu vermeiden, die andernorts vielfach von Touristengruppen gemacht worden waren, bat man uns, weder Bonbons, Kulis oder gar Geld an Kinder zu verteilen. Beredt, im Bewusstsein, eine Art touristischer Pioniertruppe zu sein, stimmten alle zu. Schließlich wollte keiner am Wandel der Werte in dieser Region, an organisierter Bettelei oder noch Schlimmerem wie Diebstahl oder gar Raub Schuld tragen. Keiner? Selbstverständlich keiner!

Gewappnet mit den besten Vorsätzen gingen wir tags darauf an Land, neugierig erwartet von ein paar Kindern und Dorfbewohnern. Die saubere lehmerdige Dorfstraße führte vom Landeplatz geradewegs zum Tempel. Ältere Frauen in malerischen Saris boten Blumen und Räucherstäbchen für den Tempelbesuch an. Überall, auch im kleinsten Seitengässchen, nichts als Sauberkeit und Ordnung. Keine Müllberge, kein Unrat wie oft in anderen, offensichtlich ärmeren Gegenden Indiens. Beeindruckt schlenderten wir, begleitet von einigen älteren Männern, durch das Dorf. Frauen standen in der Nähe ihrer Anwesen, das ungewohnte Schauspiel genießend. Alles schien friedlich und harmonisch.

Doch was war das? Am anderen Ende des Sträßchens, das wir gerade passiert hatten, war es plötzlich laut. Kinder stritten sich, umringten eine Person, die uns bekannt vorkam, Bea! Beate, die liebenswürdige ältere Dame mit dem guten Herzen, hatte offensichtlich alle Vorsätze vergessen. Sie stand inmitten der Kinderschar und verteilte etwas, worum sich die Kleinen stritten, Bonbons, Kulis oder Bildchen, hoffentlich kein Geld. Peinlich berührt blieben wir stehen. Was konnte man tun, nachdem genau das passiert war, was zu vermeiden wir versprochen hatten? Verstohlen beobachteten wir Sumit, unseren indischen Begleiter. Wie würde er reagieren? Der aber tat so, als sähe er nichts Erwähnenswertes. Hatte auch er vergessen, worum wir gebeten worden waren? Keineswegs. Er demonstrierte nur das, was Westler in Indien oftmals missverstehen als Neigung, alles Westliche, auch unverständliches Verhalten, fraglos zu akzeptieren. Dabei war es vollkommen anders. Seine angeborene, durch brahmanische Erziehung verfeinerte indische Höflichkeit, seine Toleranz geboten ihm, sich Ausländern gegenüber respektvoll zu verhalten. Wie er wirklich darüber dachte, behielt er für sich. Und auch wir brachten es nicht fertig, mit Beate, die sich zufrieden und mit strahlendem Lächeln unserer Gruppe wieder anschloss, sofort darüber zu sprechen. Wie aber sollte das Problem gelöst werden, ohne dass man mit ihr darüber sprach? Schließlich standen noch weitere Besuche in assamesischen Ortschaften auf dem Programm. Sumit aber schwieg und ging zur Tagesordnung über, als sei nichts geschehen.

Während wir, auf das Schiff zurückgekehrt, versuchten, Beate an das gegebene Versprechen hinsichtlich der Verteilung von Bonbons und ähnlichem zu erinnern und ihr vor allem die Folgen klarzumachen, umgab Sumit sie mit nicht nachlassender Höflichkeit. Das wiederum bestärkte die Dame in der Meinung, das Richtige, vor allem etwas Gutes getan zu haben. „Das ist doch üblich so. Das habe ich in allen Ländern getan, in denen ich war…" Eben!… Entmutigt gaben wir auf. Fast wünschten wir, auf einer Sandbank zu stranden, ein bisschen nur, versteht sich. Das wäre zwar schlimm, aber unsere Mitreisende hätte dann wenigstens Gelegenheit gehabt, ihrem Hang, Gutes zu tun, hinreichend zu frönen. Die festgefahrene Meinung darüber, wie man sich als Tourist in einem Lande weitab unseres Kulturkreises verhält, damit kein Schaden entsteht, zu ändern schien dagegen aussichtslos. Wie auch immer, bis zum nächsten Landgang musste etwas geschehen.

Erst einmal geschah nichts, was auch nicht notwendig war, wie sich sehr bald herausstellte. Das Beiboot hatte uns anderntags zu einer grasbewachsenen Flussinsel gebracht, zu einer der unzähligen ehemaligen Brahmaputra-Sandbänke. War die überhaupt bewohnt? Zwar grasten in der Nähe des Ufers einige wenige Rinder, weiter weg war es sogar eine kleine Rinderherde, aber ohne Hirten. Keine Menschenseele ließ sich blicken, vor allem keine Kinder, was wir erleichtert zur Kenntnis nahmen. Ein paar einfache Hütten duckten sich in eine Bodensenke. Als dann aus den Hütten mehrere einfach gekleidete Männer auftauchten, erfuhren wir, wo wir uns befanden. Es war eine als Viehweide dienende Insel, die nur während der regenarmen Zeit zum Weiden der Tiere genutzt wird, eine Art Almdorf gewissermaßen, eine Alm assamesischen Stils. Es gebe eine ganze Reihe solcher Viehweiden im Brahmaputra, erklärte man uns. Die Hütten müsse man jedes Jahr neu errichten, weil sie während der Monsunzeit weggeschwemmt würden. Das sei aber kein Problem, meinten die Männer. Sie seien daran gewöhnt.

Wir waren fasziniert von allem, was wir sahen und hörten, nur Beate nicht. Keine Kinder! Wie schade! Enttäuscht schwang sie ihren kleinen roten Rucksack mit den Geschenken auf den Rücken, stand schmollend abseits und übte sich in Geduld.

Diesmal unterließen wir es, mit ihr über das Thema „Geschenke" zu reden. Wusste doch keiner, was uns beim nächsten Landgang erwarten würde. Vielleicht kamen wir wieder in eine Siedlung ohne Kinder. Zudem war für den kommenden Tag „Erholung auf dem Schiff" angesagt. So ließen wir uns Zeit, genossen die Schiffsreise und schoben das Problem weit weg.

Als wir am übernächsten Tag das Beiboot bestiegen, um ein Dorf am Ufer zu besuchen, erschien Beate mit ihrem kleinen roten Rucksack. Keiner hatte mit ihr gesprochen, jeder sich auf den anderen verlassen. Und nun ahnten wir Schlimmes. Am Ufer erwartete uns eine große Kinderschar. Es schien, als hätten sie extra unseretwegen schulfrei bekommen. Nur wenige Erwachsene waren zu sehen. Sollten wir Bea den Rucksack einfach wegnehmen? Dazu war es zu spät. Schon balancierten die ersten über den wackeligen Steg, den die Schiffsmannschaft vom Beiboot zum Ufer geschoben hatte. Und da passierte es: Kurz vor Erreichen des Ufers verlor Beate die Balance und platschte mit beiden Füßen ins knietiefe Wasser. Der Bootsmann und sein Helfer waren sofort zur Stelle und zogen sie ans sichere Ufer. Alle, wir, die einheimischen Erwachsenen und vor allem die Kinder, umringten die Unglückliche. So unglücklich schien sie aber nicht zu sein, eher froh und dankbar, dass nichts Schlimmeres passiert war. Doch Beates fröhliche Dankbarkeit hielt nicht lange an. Während sie, umringt von den Kindern, ihre pitschnassen Schuhe und Strümpfe auszog, begann sie zu jammern: „Wo ist mein Rucksack? Der kleine rote Rucksack mit den Geschenken für die Kinder? Ich hatte ihn doch in der Hand!"

Ja, wo war der kleine rote Rucksack? In der allgemeinen Aufregung hatten nur wenige bemerkt, dass er, während Beate ins Wasser rutschte, ihr aus der Hand geglitten und in den Brahmaputra gefallen war.

Draußen zog ein nur noch mit dem Fernglas wahrnehmbares rotes Etwas auf dem Brahmaputra flußab der Mündung entgegen. Hatte der „Sohn des Brahma" das Problem auf seine Weise gelöst? Wer weiß? Und Sumit, der Hindu, blickte versonnen hinter dem roten Etwas her.

Im weiteren Verlauf der Reise verlor niemand ein Wort über das Vorkommnis. Und Beate, eingebunden in das Programm, hatte reichlich zu tun, die vielfältigen Eindrücke zu verarbeiten.

Obwohl mir die Geschichte mit den Geschenken zu schaffen gemacht hatte, war ich im Grunde dankbar dafür. Es bestätigte Berichte von Beobachtern der unterschiedlichsten Reisegruppen, dass Teilnehmer an solchen Reisen in zunehmendem Maße Bitten der Reiseveranstalter missachten und sich höchst unsensibel in einem fremden Kulturkreis verhalten.

Meine Neugier hingegen auf Assam, die Assamesen und den Brahmaputra war nur zum Teil befriedigt. Den Brahmaputra zwar hatte ich in seinem Unterlauf kennen gelernt, hatte von Besatzungsmitgliedern einiges über die Monsunzeit und die oftmals verheerenden Überschwemmungen gehört, die der Sohn des Brahma dem Land brachte. Nur, das allein macht Assam nicht aus und besagt noch lange nichts über die Lebensweise der Assamesen, der vielfältigen Ethnien, denen das Land im äußersten Nordosten Indiens Heimat ist.

Das herauszufinden sollte Aufgabe einer weiteren Assamreise sein.

Mit dem Jeep durch Assam

24. November

Das Linienflugzeug der Jet Airways landete in Jorhat, einer bei uns weitgehend unbekannten Stadt im Zentrum der assamesischen Tee-Industrie. Ein freundlicher junger Mann mit bemerkenswert guten Manieren fischte mich zielsicher aus der Menge der ankommenden Passagiere. Rajan sei sein Name, stellte er sich vor und verstaute mit Hilfe eines anderen jungen Mannes, den er als Ali, unseren Fahrer, vorstellte, mein Gepäck im Kofferraum des roten Landcruisers, der vor dem Eingang zum Flughafengebäude geparkt war. Ein weiterer junger Mann, der sich die ganze Zeit über abseits gehalten hatte, gesellte sich zu uns. „Das ist ein guter Freund von mir und der Ersatzmann", erklärte Rajan, „falls das Fieber, das mir zu schaffen macht, stärker wird."

Fieber? schoss es mir durch den Kopf. Fieber ist im Grunde nichts Ungewöhnliches in Assam, in der feuchtesten Monsun-Ecke der Welt. Hier muss man mit Malaria oder Denguefieber rechnen. Das gehört dazu. Doch ausgerechnet jetzt in der kühleren Jahreszeit, noch dazu bei jemandem, der hier zu Hause ist? „Ich nehme Antibiotika", rief Rajan vom Rücksitz in den Motorenlärm, um meine Bedenken zu zerstreuen. „Gut, warten wir ab", rief ich zurück und war in Gedanken bereits bei etwas anderem: Rajans Familienname beschäftigte mich, denn den hatte er nicht verraten. War es Zufall oder Gedankenlosigkeit? Trug das Fieber Schuld daran? Rajan… Rajan, den Namen hatte ich in einem Buch über Assam gelesen. Krampfhaft versuchte ich, mich an das Buch zu erinnern. Aber nichts wollte mir einfallen, rein gar nichts. Zudem wurde ich das Gefühl nicht los, dass Rajan mir nicht ohne Grund seinen Familiennamen vorenthielt. Was nur war der Grund? Erst sehr viel später sollte ich die Lösung des Rätsels erfahren.

Jetzt fuhren wir erst einmal auf einer für indische Verhältnisse erstaunlich guten Landstraße nach Sibsagar, einer ehemaligen Königsstadt Assams, und Rajan würde mich begleiten, wenn nicht sogar für meine Sicherheit sorgen. Vorausgesetzt, sein Fieber hielt sich in Grenzen.

Übrigens, jemand, der für Sicherheit und Unversehrtheit eines allein reisenden Touristen sorgt, kann im Nordosten Indiens von nicht zu unterschätzendem Wert sein. Zwar sind Touristen in dieser Gegend noch nie zu Schaden gekommen, doch heutzutage kann man nie wissen… Zumal alten Forschungsberichten zufolge in dieser Gegend einige „wilde", auch angriffslustige Bergstämme leben sollen. Diese Ethnien gibt es noch heute. Allerdings hat sich ihr Verhalten im Verlaufe der Zeit erheblich geändert. Sie legen nur ab und zu, im Verhältnis zu anderen Gegenden recht selten, eine Bombe. Das hat keinesfalls etwas mit ihrer Wildheit zu tun. Eher geht es dabei um Politisches. Möglicherweise fühlen sie sich von der Zentralregierung in New Delhi ungerecht behandelt oder meinen, für ihre Unabhängigkeit kämpfen zu müssen. Woher sie Waffen und Ausbildung haben, ist nicht genau zu definieren. Man kann es nur vermuten. Denn der gesamte Nordosten Indiens ist eingerahmt von mehreren Staaten, die Interesse an der fruchtbaren, vom mächtigen Brahmaputra durchflossenen Gegend haben könnten, wie China, Birma, Bangladesh. Abgesehen davon ist Assam nicht der einzige Bundesstaat in der Nordostecke Indiens. Es gibt dort weitere sechs Bundesstaaten: Meghalaya, Mizoram, Tripura, Nagaland, Arunachal Pradesh und Manipur, vom Volksmund „Sieben

Schwestern" genannt. Und wie in einer Familie auch, gibt es zwischen diesen nicht unbedingt klein zu nennenden indischen Bundesstaaten zuweilen Rivalitäten. Ganz abgesehen von einer Freiheitsbewegung mit dem Namen ULFA (United Liberation Front of Asom).

Seit 1985 ist die ULFA bemüht, die Unabhängigkeit Assams von der Zentralregierung in New Delhi zu erlangen. Von starkem Nationalismus getragen, beteiligten sich besonders ethnische Minderheiten, wie die Cachar und Bodos, an den immer wieder aufflackernden Kämpfen und Streiks. Allerdings hat sich die Lage im Verlauf der Jahre wesentlich entspannt. Nicht zuletzt durch die als Schlichterin eingeschaltete, in Indien weithin bekannte Schriftstellerin Mamoni Goswami, die es mit nicht nachlassender Geduld geschickt versteht, zwischen ULFA und Zentralregierung zu vermitteln. Dass zwischendurch seitens der ULFA ab und zu mal ein Anschlag verübt wird, um Forderungen Nachdruck zu verleihen, hat Mamoni Goswami bisher ebenso wenig entmutigt wie so manche Hinhaltetaktik der Regierung in New Delhi. Man darf auf die weitere Entwicklung und auf die Ergebnisse der Verhandlungen gespannt sein.

„Assam heißt eigentlich Ahom, das wie ‚Achom' ausgesprochen wird", unterbrach Rajan meine Überlegungen. „Die Bezeichnung ‚Assam' stammt aus der Kolonialzeit. Weil es in der englischen Sprache keinen Ach-Laut gibt, haben die Briten damals aus Ahom ‚Assam' gemacht." Rajans Stimme wirkte kräftiger als vorhin am Flugplatz. Augenscheinlich war das Fieber nicht gestiegen. Vermutlich haben die Antibiotika gewirkt. Das ließ hoffen. Denn Rajan schien eher bereit zu sein, über Dinge zu sprechen, die mich interessieren. Sein Freund Kunwar, der Ersatzmann, ein Ornithologe, hatte bisher kaum ein Wort geredet. Sicherlich ist er eine Koryphäe in seinem Fach. Ob er sich auch auf ethnologischem Gebiet auskennt, wieweit ihn politische Zusammenhänge interessieren und ob er überhaupt den Mut hat, darüber zu sprechen, war fraglich.

„Wir ‚Assamesen' sind auch keine ‚Assamesen', sondern genau genommen muss es ‚Ahomia' heißen", ergänzte Rajan seine Ausführungen, „aber wer weiß das schon?" „Stimmt", musste ich zugeben. „Wer weiß das schon? Das Wort ‚Ahomia' würde die Leser eines Berichts über Assam stolpern lassen. Solche Änderungen brauchen Zeit, bis sie allgemein gebräuchlich werden, wie es die Wörter ‚tibetanisch' bzw. ‚tibetisch' zeigen oder ‚nepalesisch' und ‚nepalisch' und ganz zu schweigen von Ortsnamen wie Kalkutta, das jetzt Kolkata heißt." Rajan schwieg zustimmend, widmete sich aber jetzt aufmerksam dem zunehmend dichter werdenden Straßenverkehr, um Ali, unserem Fahrer, den Weg zu einem der wenigen Hotels in Sibsagar zu weisen.

Nach gut anderthalbstündiger Fahrt, vorbei an mehr oder weniger großen Dörfern, die sich in dichtem Grün versteckten, an kleinen und kleinsten Verkaufsständen längs der Straße, erreichten wir den quirligen, dennoch nicht allzu dichten abendlichen Verkehr des ehemaligen Königsstädtchens Sibsagar, und Ali hielt vor einem Hotel mit dem stolzen Namen „Palace Hotel".

An der Rezeption ein höflicher Empfang. Rajan erledigte routiniert sämtliche Formalitäten, ehe er und sein Freund mich auf das geräumige, gemütlich eingerichtete Zimmer begleiteten. Kunwar, der sich die ganze Zeit stets im Hintergrund gehalten hatte, warf einen missbilligenden Blick aus dem Fenster und murmelte etwas, das ich nicht verstehen konnte. Irgendetwas schien ihn zu stören. Was wohl? Denn die Fenster, zwar schmal, aber bis auf den Fußboden reichend, gaben den Blick frei auf die Hauptstraße. Ging es um meine Sicherheit? Kunwar schwieg sich aus, und Rajan verzog keine Miene. Mir war in dem Moment alles reichlich egal. Eine bleierne Müdigkeit forderte ihr Recht, und ich war froh, als die beiden endlich mein Zimmer verließen, nicht ohne mir fürsorglich ihre Telefon- und Zimmernummer zu hinterlassen. Also schien es doch Bedenken hinsichtlich der Sicherheit zu geben. Na und? Todmüde beschloss ich, gleich nach dem leichten indischen Abend-Imbiss schlafen zu gehen.

Irgendwo in der Ferne gab es plötzlich einen gewaltigen Rumms, der das Gebäude erzittern ließ. Halb im Dahindämmern war ich zu müde, ihn einzuordnen. Und er begleitete mich in angenehme Träume von einem prachtvollen Feuerwerk…

Bomben und Lyrik, Pyramiden und Paläste

25. November

Die Morgenzeitung erklärte den Rumms vom Vorabend. Es war mitnichten ein Feuerwerk. Man hatte ein Attentat auf die Ölpipeline in der Nähe von Sibsagar verübt. Der sachliche Bericht, weder groß aufgemacht noch auf der ersten Seite, stand im Mittelteil des Blattes. Gleich darunter hatten die Leser das Wort – in Form von lyrischen Gedichten, eine, wie der Begleittext verriet, allgemein beliebte Rubrik. Diese Zusammenstellung faszinierte mich. Verriet sie doch die Art und Weise, wie man hier mit heiklen Problemen umging. Dass in Assam Öl gefördert wird, hatte ich während meiner Reisevorbereitungen gelesen, allerdings ohne zu wissen, in welcher Gegend. Nun wusste ich es, und das seltsame Verhalten meiner Reisebegleiter, das mich am Vorabend irritiert hatte, war mir nun völlig klar. Gerne hätte ich Näheres gewusst, doch vermied ich es, die beiden nach dem Attentat zu fragen, als sie mich gut gelaunt mit dem Landcruiser zu einer Überlandfahrt abholten. Vielleicht würde sich im Laufe des Tages eine Gelegenheit ergeben, darüber zu sprechen. Falls nicht, auch gut. Dann ist es in Asien sinnvoll, eine solche Angelegenheit auf sich beruhen zu lassen. Über Unangenehmes spricht man nicht gern, schon gar nicht, wenn es sich um heikle, möglicherweise politische Themen handelt.

Ali steuerte unseren Wagen beharrlich und wortlos, als sei nichts Außergewöhnliches passiert, durch das morgendliche, noch verschlafen wirkende Städtchen hinaus auf eine Landstraße ohne Schlaglöcher oder andere größere Unebenheiten. Sie war nicht sonderlich breit, aber gut befahrbar. Eine Seltenheit in Indien, oder ist das in Assam anders? Könnte es möglicherweise mit der Nähe zu sensiblen Grenzen, wie zur chinesisch-tibetischen und der zu Bangladesh zusammenhängen? Spielen etwa militärische Gründe eine Rolle? Auch das dürfte sich irgendwann während der Reise herausstellen.

Erst einmal ging die Fahrt jetzt nach Charaideo, der ursprünglichen, der ältesten assamesischen Königsstadt. Wieder fuhren wir durch eine Landschaft mit üppiger Vegetation. Saftig grüne Wiesen, Bananen- und Palmenplantagen, schlanke hoch ragende Betelnusspalmen, in der Ferne riesige, unendlich scheinende Reisfelder. In kleinen, sauberen Ortschaften duckten sich landesübliche, meist eingeschossige Häuser unter blühende Tropenbäume. Die Straßenränder der Dörfer rahmten Verkaufsstände oder mit einfachsten Mitteln zusammengebaute, abenteuerlich anmutende Kioske.

Zu verdanken ist die üppige Vegetation dem fruchtbaren Schwemmland zu beiden Seiten des mächtigen Brahmapu-

Die üppige Vegegation Assams

tra, sowie den schweren Regenfällen, die der Monsun vom Golf von Bengalen her aus dicken Wolkengebilden herabregnen lässt. Neben dem Nachbarstaat Meghalya hat Assam jährlich die meisten Regentage und größten Regenmengen Indiens zu verzeichnen. Zum Glück war jetzt Winter, Trockenzeit, und bis Ende Februar dürfte es wenig regnen.

„Sukhapa, Begründer der assamesischen Königsdynastie, hat Charaideo etwa um 1229 (n. Chr.) erbauen lassen. Von der Stadt selbst ist nichts mehr, nicht einmal ein noch so kümmerlicher Grundmauernrest übrig geblieben. Wie so oft auch andernorts tragen die Ereignisse folgender Jahrhunderte Schuld daran", erklärte Rajan routiniert, überaus munter und offensichtlich ohne Fieber, als wir nach gut einer Stunde Fahrt vor einem hügeligen Wiesengelände hielten. Schatten spendende alte Bäume umstanden hohe Grashügel, offensichtlich das Ziel unserer Exkursion. Gespannt wartete ich auf Rajans Erklärung. Gab es vielleicht doch irgendwelche Reste der alten Königsstadt?

Ali lenkte den Landcruiser durch einen engen, aus stabilem Holz geschnitzten Torbogen mit der Aufschrift „Maidam". „Bedeutet ,Maidam' nicht Wiese?" überlegte ich laut, weil mir der Maidan in Kolkata, diese riesengroße Parkanlage mit ihren weitläufigen Rasenflächen, einfiel. „Nein", lächelte Rajan höflich. „Maidam" bedeutet Grabmal, „Maidan" ist das Hinduwort für ,Wiese'. Nur ein einziger Buchstabe macht den Unterschied. Wir sind auf dem berühmten Königsfriedhof von Charaideo. Die Könige und ihre Angehörigen wurden hier beerdigt. Wenn wir näher an die Hügel herangehen, kann man sehen, dass es sich um architektonisch höchst interessante Grabanlagen handelt, nämlich um Pyramiden, ähnlich denen Ägyptens, nur wesentlich gedrungener und leider stellenweise beschädigt. Die aus Ziegeln, teilweise auch aus Stein errichteten Gräber hat die Natur im Laufe der Zeit mit einer dichten Grasnarbe bedeckt. So sehen sie aus wie unscheinbare Grashügel."

Ein Pfad, kaum wahrzunehmen, wand sich einen der Hügel hinauf. Rajan meinte, man könne, falls man möchte, hinaufsteigen und einen Blick in das Innere des Grabhügels werfen. Verständlich, dass mich die Neugier lockte. Zwar erwies sich der Pfad als schwierig zu begehen, doch mein Wissensdrang war stärker. So mühten wir uns, mehr rutschend und auf allen Vieren krabbelnd als bergsteigerisch gekonnt, den Hügel hinauf bis zur Spitze der Pyramide. Vermutlich handelte es sich eher um einen symbolischen Akt. Denn oben angekommen, versuchte ich vergeblich, im Inneren des Grabhügels etwas zu erkennen. Selbst meine Taschenlampe beleuchtete gähnende Leere. „Das Grab ist selbstverständlich leer", ließ sich Rajan vernehmen, „Grabräuber, Sie verstehen?" Das verstand ich sehr gut, fragte mich nur, warum wir diese glitschige Kletterei überhaupt auf uns genommen hatten.

Unten angekommen, ging es weiter zum nächsten Grabhügel. Ehe die Kletterei wieder anfing, diesmal gab es sogar steinerne Stufen, studierten wir eine Hinweistafel, die man neben der untersten Stufe aufgestellt hatte. Sie beschrieb eingehend, wer in diesem „Maidam" genannten Areal beigesetzt worden war. Der ausführlichen Inschrift zufolge hatten nicht nur Könige und ihre Gemahlinnen, sondern auch Edle und Fürsten in diesem weitläufigen Gelände ihre letzte Ruhestätte gefunden.

Noch ehe mir eine Ausrede einfiel, wie ich die bevorstehende erneute Kletterei vermeiden könnte, hielt Ali mit dem roten Landcruiser neben uns und gab mir die Chance, Müdigkeit vortäuschend einzusteigen. Trotz aller Verbote – aber was sind in Indien schon Verbote? – hatte es der pfiffige junge Fahrer verstanden, unbemerkt mit dem Wagen quer durch das Gelände zu fahren. Glücklich, der Tortur einer nochmaligen, nicht sonderlich reizvollen Stufenkletterei entronnen zu sein, rückte ich mich neben ihm auf dem Beifahrersitz zurecht. Rajan und Kunwar folgten. Ob die beiden eher erleichtert als verwundert waren, dass ihr Gast auf die Besichtigung eines weiteren Königsgrabes verzichtete, war nicht herauszufinden. Schließlich gehört die Besichtigung von Baudenkmälern zu jedem Touristikprogramm. Und irgendwie wurde ich das Gefühl nicht los, dass Rajan mir nur zu gerne dieses Denkmal vergangener Zeiten Assams eingehend gezeigt und erklärt hätte. Das entnahm ich einer kurzen Bemerkung, mit der er etwas von einem Fürstengrab gemurmelt hatte. Weshalb wohl war ihm, dem modernen jungen Mann, so etwas wichtig? Vielleicht wegen seines Familiennamens? Wie auch immer, ich nahm mir vor, in der nächsten Zeit sorgfältiger auf versteckte Hinweise zu achten.

Sehr vorsichtig, um die Grasnarbe des Maidams so wenig wie möglich zu verletzen, steuerte Ali den Wagen auf die Landstraße zurück. Nach kurzer Fahrt bog er erneut von der Hauptstraße ab, passierte wiederum einen holzgeschnitzten Torbogen, um uns durch eine kleine Ortschaft zu bugsieren, eine Ortschaft, die eher einer Ferienbungalowsiedlung ähnelte als einem Dorf. „Hier war das alte Charaideo", erklärte Rajan. „Wie gesagt, es ist leider nichts davon übrig geblieben. Dafür wird uns aber gleich der Gargaon-Palast entschädigen."

Und in der Tat: Als Ali ein paar Kilometer weiter hielt,

staunte ich nicht wenig über das wohlproportionierte mehrstöckige, aus Sandstein und roten Ziegeln errichtete Gebäude, das zur Besichtigung einlud. „König Rajeshwar Singha hat es ungefähr um 1762 erbauen lassen", hörte ich Rajans Stimme hinter mir, während wir die Treppen zu den beiden oberen Geschossen hinaufstiegen. „Im Palast gibt es mehr als nur diese drei Stockwerke. Die anderen sind unter der Erde und wurden früher von der britischen Ost-Indien-Company genutzt."

Auf der obersten Terrasse angekommen, bot sich uns ein Ausblick, der zum Träumen einlud. Satte Rasenflächen, dahinter die üppige Vegetation Assams mit Palmen und Bougainvilleas, in der Ferne eine von saftig grünen Bäumen geschützte Teeplantage, die sich scheinbar im Unendlichen verlor.

Zum Träumen allerdings kam ich nicht. Eine indische Familie, offensichtlich im Urlaub und auf Besichtigungstour, entdeckte mich, die Ausländerin. Wir kamen ins Gespräch, vor allem, weil einer der jungen Männer ein T-Shirt mit dem Emblem der Fußballweltmeisterschaft 2006 trug. Da war es für die Inder nicht sonderlich schwer, mein Heimatland zu erraten. Mit großer Herzlichkeit sprachen sie von Germany, das zwar keiner von ihnen gesehen hatte, mit dem sie sich aber alle freundschaftlich verbunden fühlten, ganz einfach, weil sie es sehr schätzten. Ein wenig überrumpelt, doch erfreut über so viel Hochachtung verabschiedete ich mich von der Familie. Es sollte übrigens nicht die letzte Begegnung dieser Art sein. Die Inder mögen uns, nicht allein wegen der nichtstaatlichen Organisationen, die in so manchem indischen Bundesstaat Hilfe leisten. Sie mögen uns, weil sie sich uns verbunden fühlen. Und das streichelt die Seele einer allein reisenden alten Frau, lässt so manche Entbehrung oder Strapaze vergessen, die eine solche Reise zwangsläufig mit sich bringt.

Auf der Rückfahrt zu unserem Hotel in Sibsagar versuchte ich vergeblich, Bohrtürme oder gar die Ölpipeline im weiten Grün zu entdecken. Vermutlich hatten meine Begleiter bewusst eine Fahrtroute gewählt, die das sensible Gebiet der Ölförderung umging. Da sie das Thema „Ölförderung" bisher vermieden hatten, hielt ich es für besser, meine Neugier weiterhin zu bezähmen und es, vorerst jedenfalls, auch nicht zu erwähnen.

Stattdessen erregte etwas anderes meine Aufmerksamkeit: eine Schule. Sie war nicht zu übersehen wegen der Kinder, die gerade Pause hatten. Nicht etwa, weil es auf dem Schulhof turbulent zuging. Ihre Schuluniformen waren der Grund. Leuchtend blaue Blusen der Mädchen und Hemden der Jungen, dazu schwarze Röcke und Shorts boten einen fröhlichen Kontrast zum üppigen Grün, das den Schulhof umgab. Wir beschlossen kurzerhand, dort einen Besuch zu machen. „Unangemeldet, geht das?" zweifelte ich. „No problem bei uns in Assam", verkündete Rajan stolz.

Der Schulleiter begrüßte uns freundlich, obwohl wir ihn offensichtlich beim Betelkauen gestört hatten. Seine roten Zähne verrieten es. Betelkauen beendet in Assam stets eine Mahlzeit und wird in Muße genossen. Ein wenig erstaunt, weil sich in diese Gegend selten Fremde verirren, dennoch pflichtbewusst, erbot er sich, uns durch seine Secondary School zu führen.

Die Schüler waren bereits wieder in ihren Klassenräumen verschwunden. Die Gebäude, die die Klassenräume beherbergten, hatten keine Ähnlichkeit mit Schulhäusern, wie wir sie uns vorstellen. Langgestreckte, einstöckige, flache Gebäudetrakte umschlossen ein offenes Viereck, den Schulhof. Irgendwie erinnerte mich die Anordnung der Gebäude an Schulen, die ich bereits kannte, aus einem anderen Land, nicht aus Indien.

Während Rajan und der Schulleiter besprachen, welche Klassen sie mich besuchen lassen sollten, überlegte ich, wo ich während der vergangenen Jahre im Ausland ähnliche Schulen gesehen hatte.

Im Sudan, natürlich im Sudan. Auch der Sudan stand früher einmal unter britischer Kolonialherrschaft. Dort wie offensichtlich auch hier hatte man das britische Schulsystem übernommen. Ob nicht nur Art und Anordnung der Schulgebäude, sondern auch Curricula, Lehrerausbildung, die häufigen Tests, einfach alles, was das britische Schulsystem ausmacht, davon betroffen waren, hoffte ich beim Gang durch die Schulklassen von dem Schulleiter und den Lehrern zu erfahren.

Doch es kam anders. Auf dem Weg zu den Klassenräumen gab der Schulleiter einen kurzen Überblick über die Prinzipien, die seiner Schule wie auch dem gesamten Bildungswesen Assams zugrunde liegen. „Beim pädagogischen Gesamtkonzept geht es vor allem um Werteorientierung und Ethik", erklärte er zu meiner Verblüffung. „Das haben wir übrigens nicht von den Briten übernommen. Es hängt vielmehr mit einem altindischen Erziehungsideal zusammen, dessen Ursprung in den heiligen Schriften der Upanishaden zu suchen ist." Sehr wichtig sei die Schulkleidung, betonte er. Durch die würden Klassenunterschiede ausgeglichen. Denn alle Kinder, gleich welcher Kaste, hätten die Pflicht, fünf Jahre lang eine kostenlose Grundschule zu besuchen. Später, in der Secondary School, sei die Schulkleidung verständlicherweise von noch größerer Bedeutung. „Handys oder ähnliche technische Geräte sind tabu in unseren Schulen", meinte er, um anzufügen: „Persönlichkeit ist wichtiger als Äußeres. Das lernen bei uns bereits die Kleinsten."

Nachdenklich, weil mir unser Schulwesen daheim einfiel, folgte ich ihm in die Klassenräume. Verständlich, dass Schüler und Lehrer uns herzlich begrüßten. Ein Besuch aus dem Ausland, noch dazu aus Deutschland, ist Anlass zur Freude. Auffallend die Klassenstärke. Es gab keine Klasse mit mehr als zwanzig Schülern, dafür aber durchweg zwei Klassen für einen Jahrgang. „So können wir effektiver arbeiten", beantwortete der Schulleiter meine verwunderte Frage, um hinzuzufügen: „Wir sorgen stets für genügend Lehrer." Dieses Konzept scheint sich auszuzahlen, denn die Schüler sprachen davon, wie schön es sei, lernen zu dürfen. Fächer, die unbeliebt sind, gibt es nicht, versicherten sie. Etwa einen Ausspruch wie „Mathe ist doof" dürfte man vergeblich bei assamesischen Schülern suchen. Und ausnahmslos alle beteuerten, dass ihr Ziel der Besuch eines Colleges sei. Offensichtlich sitzt „Shiksha", das Ziel als Schüler Bildung zu erwerben und damit aufzusteigen, in den Köpfen der Schüler unverrückbar fest – wie übrigens überall in Indien, wo es Bildungseinrichtungen gibt.

Beschämt dachte ich an die derzeitigen Verhältnisse an unseren Schulen. Nur Privatschulen können bei uns Ähnliches leisten, aber beim Gros der staatlichen Schulen sind solche Lehr-Erfolge, ist solcher Lerneifer fast überall eine Illusion. Vielleicht wird es aber auch bei uns irgendwann einmal solchen Lerneifer geben.

In den Lehrplänen, die mir die Lehrer gemeinsam mit dem Schulleiter erläuterten, lag der Schwerpunkt deutlich auf der Vermittlung von kompaktem Basiswissen, gleich, ob es sich um naturwissenschaftliche Fächer wie Mathematik, Physik oder um Geographie und Sprachen handelte. In den assamesischen Secondary Schools werden übrigens drei Sprachen gelehrt: Asamya (Assamisch), Hindi und Englisch. Die beiden Letzteren gelten als Landessprachen und sind für jeden, der weiterkommen will, verbindlich. Verständlich, dass sie mit Feuereifer gepaukt werden. Verständlich aber auch, dass es in Assam so etwas Ähnliches wie Wahlfächer nicht gibt.

Lehrer und Schulleiter ließen wiederholt durchblicken, wie wichtig für ihre Arbeit die Vermittlung konzentrierten Lernens sei. „Allerdings Pauken allein nützt nicht viel", meinten sie. „Ohne Freude am Lernen bekommt man keine guten Ergebnisse. Die Freude am Lernen muss gleichermaßen gefördert werden." – „Und wo ist das College, das die Schüler nach Abschluss der Secondary School besuchen?" Meine Frage schien die Lehrer zu wundern. „In Sibsagar, natürlich in Sibsagar", kam die prompte Antwort. „Und wie kommen die Kinder dorthin?" Mir fiel die Entfernung von Sibsagar nach hier ein. „Mit dem Schulbus selbstverständlich." War ich etwa ins Fettnäpfchen getreten? Wie konnte ich nur so gedankenlos sein. Schließlich hatten wir während unserer Fahrten mehrfach größere und kleinere Busse gesehen. Sicherlich war auch der eine oder andere Schulbus darunter. Und Rajan erklärte mir später, dass Assam, jedenfalls in der Ebene längs des Brahmaputra, über ein solides Busverkehrsnetz verfüge. Das einzige Problem seien zeitweilige Überschwemmungen. Immer dann, wenn der mächtige heilige Fluss über die Ufer trete, er zwar Verwüstungen anrichte, aber auch Fruchtbarkeit bringe.

Auf der Fahrt zu unserem Hotel nach Sibsagar drehte sich das Gespräch um die „Literacy Rate", das heißt, wie viele Einwohner Assams lesen und schreiben können. „In Assam können zurzeit 64,3 Prozent der Einwohner schreiben und lesen. Die Tendenz ist steigend. Eine Ausnahme gibt es, und das ist Majuli, die Flussinsel. Dort liegt die Literacy Rate bereits bei 73 Prozent", erklärte Rajan stolz.

Der Abend dieses mit vielfältigem Erleben und eindrucksvollen Erkenntnissen gefüllten Tages sah mich bald nach dem Abendessen auf meinem Zimmer. Voller Vorfreude auf einen erholsamen Schlaf rollte ich mich in die wärmenden Decken des für hiesige Verhältnisse komfortablen Bettes, denn hier sind die Nächte in dieser Jahreszeit empfindlich kühl.

Kaum eingeschlafen, weckten mich, ähnlich wie in der vergangenen Nacht, Explosionsgeräusche, nicht ganz so laute, mächtige, doch lang anhaltende. „Liefert man sich heute etwa eine Straßenschlacht?" so mein erster Gedanke.

Ein Blick durchs Fenster belehrte mich eines Besseren. Ein prächtiges Feuerwerk erleuchtete den nächtlichen Himmel, nicht etwa wegen eines vorgezogenen Jahreswechsels oder Volksfestes. Mit Sicherheit war eine Hochzeit der Grund. Feuerwerk gehört hier nun mal zu einer Hochzeit. Und es musste sich um eine große Hochzeit handeln. Denn es war nicht nur ein prächtiges Feuerwerk, es dauerte auch geraume Zeit, bis die letzte Rakete im dunklen Nachthimmel erlosch.

Später erst nahm ich wahr, dass die Hochzeit in unserem Hotel gefeiert wurde. Obwohl in einem anderen Gebäudetrakt, waren fröhliches Stimmengewirr und Musik nicht zu überhören. Die Kinder hatte man wohl zu Bett geschickt. Nur schliefen sie nicht. Vermutlich wollten auch die Kleinen ihren Spaß haben, denn sie spielten auf den Gängen des Hotels Fußball. Meine Zimmertür schien eines der Tore zu sein. Auch das war nicht zu überhören.

Missings, Moslems und Hindus

26. November

Sogar die Morgenzeitung berichtete von der Hochzeit. Eine beliebte, allseits verehrte Sängerin hatte geheiratet. Durfte man dem Pressebild glauben, eine schöne Frau. Sie hätte in jeden Bollywoodfilm gepasst. Zudem musste sie reiche Eltern haben. Denn in Indien sind die Brauteltern für das Ausrichten der Hochzeit ihrer Tochter zuständig, für Wohlhabende kaum ein Problem. Aber Eltern aus ärmeren oder armen Schichten können es sich oft nicht leisten, ihre Tochter zu verheiraten. So manch arme Familie ist durch eine Hochzeit noch ärmer geworden oder gar, wie in ländlichen Gebieten, besonders denen Mittel- und Südindiens, in Schuldknechtschaft geraten.

Rajan und Kunwar wirkten ziemlich verschlafen, als sie mich nach dem Frühstück abholten. Vermutlich hatten sie mitgefeiert. Auch heute sollte es, wie am Tag zuvor, mit dem Wagen über Land gehen. Wir würden zu Azan Peer, einem Sufi, fahren, erklärten sie. Und Ali, unser Fahrer, ein Moslem, strahlte. „Sufis gibt es hier?" zweifelte ich. „Nur einen, einen ganz besonderen", freute sich Ali, „Sie werden sehen." Assam schien voller Überraschungen zu stecken, und ich freute mich auf die Begegnung mit diesem besonderen Moslem.

Nach flotter Fahrt auf der mir bereits bekannten Durchgangsstraße, bog Ali auf eine Nebenstraße ein, die, wie Rajan erklärte, zum Brahmaputra führte. Nach und nach entpuppte sie sich als schwierige, schmale und ausgefahrene Piste auf einem der Brahmaputra-Dämme. Den mächtigen Fluss suchte ich vergeblich im Grün der nunmehr flachen, mit Büschen durchsetzten Landschaft. Nichts war von ihm zu sehen. „Die weit ins Schwemmland hineingebauten Dämme dienen dem Schutz vor Überschwemmungen. Der Sohn des Brahma überschwemmt alljährlich weite Landesteile zu beiden Seiten seiner Ufer. Ungeachtet dessen siedeln gerade dort die Missings, ein tibetischer Volksstamm. Sie sind im 16. Jahrhundert von Tibet zuerst nach Arunachal Pradesh, in den indischen Bundesstaat an der tibetischen Grenze, ausgewandert. Später haben sie ihre Siedlungen immer weiter nach Süden bis nach Assam verlegt", hörte ich Rajan hinter mir dozieren und ergänzen: „Die Missings gehören übrigens zu den Volksstämmen unseres Bundesstaates, die eine Naturreligion praktizieren. Sie beten mit besonderen uralten Ritualen Sonne und Mond an." Also erst einmal kein Sufi. Umschalten war angesagt auf die naturreligiösen Missings. Aber auch die machten mich neugierig. Könnte es sich bei den von ihnen praktizierten Ritualen vielleicht um Relikte der alten Bön-Religion, um die vorbuddhistische Religion Tibets handeln?

Während Ali unseren Landcruiser sicher und mit Geschick über die inzwischen glitschig gewordene und mit einer längeren Baustelle garnierte Piste manövrierte, unterhielten wir uns über die Landwirtschaft Assams. Dass der Tee-Anbau eine bedeutende Rolle spielt, ist weltweit bekannt, aber weniger, dass es die Briten waren, die die ersten Plantagen, in Assam „Teegärten" genannt, angelegt hatten. „Nun erwirtschaften wir mit unseren 800 Gärten mehr als fünfzig Prozent der gesamten indischen Tee-Produktion", verkündete Rajan stolz. Die Bezeichnung „Teegarten" ließ mich insgeheim schmunzeln, wenn ich an die riesigen Areale dachte, die wir auf unseren Fahrten bisher gesehen hatten. Viermal jährlich werde Tee geerntet: im April der 1st Flush, im Mai/Juni der 2nd Flush, im August der Rain-Tea und am Ende

Sieben von Reis in einem Dorf am Brahmaputra

einer Saison in den Monaten September, Oktober, November der Autumn-Tea, erfuhr ich. Auch Reis werde angebaut, mit zwei bis drei Ernten pro Jahr, und neuerdings in geringerem Maße Kartoffeln. Ein bedeutender Zweig der Landwirtschaft sei in Assam seit Urzeiten die Ernte der Betelnuss. Dass es hier außerdem Obst gibt, und nicht zu knapp, war ohnehin auf unseren bisherigen Touren nicht zu übersehen. Vor allem Bananen, besonders die kleinen, gehaltvollen, gebe es, erzählte Rajan, aber auch Mandarinen, Melonen, Mangos, Kokosnüsse, halt alles, was man bei uns daheim als „Südfrüchte" bezeichnet. Außerdem werde noch Gemüse angebaut, weniger in Plantagen. Jeder, der ein Haus oder ein noch so kleines Häuschen besitzt, nennt einen Garten sein Eigen. Was die Familie nicht selbst verbraucht, werde auf dem Markt verkauft, dies, im Gegensatz zu Reis und Betelnuss, ohne Zwischenhändler, wie Rajan betonte.

Die Entlohnung der Teepflückerinnen werde unterschiedlich gehandhabt. Entweder gebe es einen Grundlohn von 45 Rupien pro Tag bei freier Unterkunft und Verpflegung. Oder die Pflückerinnen erhielten Einkaufsgutscheine für den Supermarkt, so einer in der Nähe ist. Während der Hauptsaison würden die Frauen häufig im Akkord arbeiten, was sie zusätzlich bezahlt bekämen.

Die gefürchteten, „bandhs" genannten, oft tagelangen Streiks, gerade auch der Teepflückerinnen, erwähnten meine Begleiter verständlicherweise nur kurz. Denn solch ein Streik gleicht einem Generalstreik. Er legt unter Umständen das gesamte Geschäftsleben lahm. Touristen würden dann aus Sicherheitsgründen besser in ihrem Hotel bleiben, gab Rajan zu.

Das nicht sonderlich erfreuliche, vor allem den Nationalstolz meiner Begleiter berührende Thema fand abrupt ein Ende, als eine Siedlung in Sicht kam. Einfache, auf Stelzen errichtete, offensichtlich aus Bambus geflochtene Hütten zogen sich zu unserer Linken längs des Dammes hin, ein Straßendorf nach Missing-Art. Wiederholt mussten wir vor Federvieh, jungen Katzen, Zicklein oder possierlichen Ferkelchen halten, die sich um unseren Landcruiser und Alis Hupen nicht im Geringsten scherten. Unbesorgt sonnten sie sich auf dem Weg, spielten oder suchten nach Futter. Fahrzeuge, Autos gar, waren sie vermutlich nicht gewöhnt, oder sie kannten sich aus mit der Geduld der Fahrer. Denn Ali hupte in größter Gelassenheit ohne auch nur ein geringstes Zeichen von Ungeduld, bis sich das Jungvieh bequemte, vom Fahrweg zu verschwinden. Das Hupen hatte aber auch eine andere Wirkung: Die Dorfbewohner wurden auf uns aufmerksam. Offensichtlich verirrt sich höchst selten ein Fahrzeug, zudem mit einer Ausländerin, zu den Missings. Die Frauen, gerade beim Dreschen mit einfachstem, aber sinnvollem Gerät, lugten neugierig über die Brüstung, die im Anbau eines ihrer Häuschen den Dreschplatz sicherte.

Ein alter Mann, vermutlich der Dorfälteste, kletterte die Böschung herauf, um herauszufinden, was wir in dieser entlegenen Gegend wollten.

Zwischen ihm und Rajan entspann sich ein längeres Palaver, das augenscheinlich die Lage klärte, denn Kunwar bedeutete mir, dass ich ruhig aussteigen könne, um mich mit den Frauen zu unterhalten.

Vorsichtig, um nicht auf dem glitschigen Damm auszurutschen, stieg ich aus. Die Frauen kletterten die Treppe von ihrem Dreschplatz herunter. „Treppe" ist in diesen Gegenden ein schmeichelhafter Begriff. Es handelt sich für gewöhnlich um einen schlanken Baumstamm, in den Stufen in Form von Kerben eingehauen sind. Dass es mich reizte, diese Treppe einmal auszuprobieren und zum Dreschplatz hinaufzuklettern, quittierten sie mit fröhlichem Gelächter. Denn der Versuch scheiterte kläglich, sorgte aber sofort für guten Kontakt. Das Eis war gebrochen. Und alles redete auf mich ein. Rajan hatte einige Mühe, Ordnung in das Geschnatter zu bringen, damit beide Seiten, die Missingfrauen wie auch ich, etwas an Informationen mitbekamen.

Die Frauen wirkten ausgesprochen selbstbewusst. „Ja, selbstbewusst, das sind sie auch und nicht ohne Grund", bestätigte Rajan. „Sie haben eine nach unserem Verständnis nahezu gleichberechtigte Stellung in ihrem Stamm. Außer der Hausarbeit verwalten sie das Geld. Ihre besondere Stellung verdeutlicht beispielsweise ein ‚Parag' genanntes Fest. Es ist ein Erntefest, bei dem die Frauen als Symbol der Fruchtbarkeit verehrt werden. Die Jugendlichen – Buben und Mädchen – tanzen dann die ‚Gumrang' und ‚Bihu' genannten Tänze. Dass man dazu die selbst gewebten Volkstrachten trägt, ist Ehrensache."

Kaum hatte Rajan die Volkstrachten erwähnt, erschienen auch schon zwei Frauen, offensichtlich Mutter und Tochter, jede mit zwei größeren schwarz-roten Stoffstücken über dem Arm. Entweder verstanden sie Englisch oder ihr ausgesprochener Händlerinstinkt hatte sie ahnen lassen, worum es ging. Zaghaft kamen sie näher. Leuchtendes Rot, das die tiefschwarzen Stoffe mit breiten Streifen umrandete, fiel mir als erstes auf. Beim näheren Betrachten konnte man längs der roten Ränder kleine Verzierungen erkennen. Sie ähnelten alten Bandkeramiken. Sicherlich waren sie nicht aus irgendeiner schöpferischen Laune heraus entstanden, sondern hatten Symbolcharakter. „Solche Gewänder trägt man während der traditionellen Tänze, von denen ich vorhin sprach", bestätigte Rajan meine Vermutung. Neugierig befühlte ich den Stoff. Es war keine Seide, die ich in Händen hielt. Wieder einmal hatte mir unser vermeintliches Wissen von und um Indien einen Streich gespielt. Setzt man doch voraus, dass ein indischer Sari aus Seide oder zumindest aus leichter Baumwolle sein müsse. Hier aber hielt ich einen kräftigen, sehr stabil wirkenden, handgewebten Wollstoff in Händen. Jedes Gewand bestand aber, anders als bei einem Sari, aus zwei Teilen, einem weiten, schlauchartigen Rock und dem sehr breiten langen Schal, der, elegant um Hüften und Oberkörper drapiert, den Eindruck eines Saris vermitteln sollte.

„Das ist aber kein Sari, oder?" zweifelte ich. Rajan und Kunwar schienen nicht sonderlich erstaunt zu sein. Offensichtlich kannten sie solche Reaktion von Frauen aus dem Westen. In Indien, gleich wo, vermuten die Fremden Saris. Dem ist aber nicht so. „Bei der Vielzahl unserer Volksstämme, besonders hier im Nordosten, finden sich teils recht unterschiedliche Frauengewänder, alle ähneln irgendwie dem Sari, obwohl sie überwiegend aus zwei

Teilen bestehen, selbstverständlich auch die seidenen…"
„Was ich ungeheuer praktisch finde, weil sie für uns Westlerinnen einfacher anzuziehen sind als die fünf Meter lange Sari-Stoffbahn", musste ich zum Ergötzen meiner Begleiter gestehen.

Die beiden Frauen, inzwischen in ihren Traditionsgewändern, lachten uns fröhlich an und sahen bezaubernd, zugleich aber würdig aus – eine Modenschau nach Missing-Art. Am Fuße eines glitschigen Flussdammes, auf dem festgestampften Lehmboden vor den Hütten, umringt von den anderen Frauen des Dorfes, drehten und wiegten sie sich, nicht gerade wie Tempeltänzerinnen, so doch offenbar im Rhythmus eines ihrer Traditionstänze.

Die Männer waren verschwunden, außer dem Dorfältesten, Rajan und Kunwar. Es schien allen klar zu sein, dass ich ein solches Gewand kaufen würde. Die Frauen erwarteten es ganz einfach voller Hoffnung auf ein kleines Zubrot, und Rajan wusste um mein Anliegen, möglichst viel über die Ethnien Assams zu erfahren.

Er wusste aber auch um mein Unvermögen, gute Preise auszuhandeln – eine ausgesprochen mangelhafte Eigenschaft bei Asienreisen. Ohne Absprache übernahm er kurzerhand die Verkaufsverhandlungen, und dies routiniert, zwar nicht wie ein Reiseführer, der an solche Situationen gewöhnt ist, eher souverän wie jemand, der hier eine besondere Stellung einnimmt. Bald schon hielt ich den Stoff in Händen. Als ich mich verabschieden wollte, gab es Proteste. Hatte ich etwas vergessen? „Aber ja", übersetzte Rajan, „die Frauen möchten, dass Sie das Gewand anziehen." „Na gut, da lerne ich gleich, wie man das am geschicktesten tut." Das Ergebnis löste allseitige Zufriedenheit aus, nur nicht bei mir, als ich später das Foto von dem Ereignis sah.

Auf der Weiterfahrt versuchte ich, Rajan seinen Familiennamen zu entlocken. Das Verhalten beim Kauf des Missingstoffes, die Art, wie er verhandelte, hatte meine Neugier wieder aufleben lassen. „Reiseführer mache ich nur nebenbei", war seine lapidare Antwort, mehr nicht, und ich war so schlau wie zuvor. Dass ich bei Kunwar mehr Erfolg haben würde, war aussichtslos. Der hüllte sich, wie meist, in Schweigen und tat so, als ob er nichts gehört hätte. Also hieß es, sich weiterhin in Geduld zu fassen.

Das Zwischenspiel im Missingdorf, der Kauf des Stoffes, alles zusammen hatten mich etwas Wichtiges vergessen lassen: die Naturreligion, die ethische, sicherlich spirituell zu nennende Lebensgrundlage der Missings. Brennend gern hätte ich doch wenigstens etwas darüber erfahren. „Das macht nichts", tröstete Rajan, „auf Majuli, der Flussinsel, leben auch Missings. Morgen werden wir dort sein. Bestimmt ist bei den Majuli-Missings einiges, wenn nicht sogar viel darüber zu erfahren."

„Jetzt geht's aber erst einmal zu Azan Peer", schaltete sich Ali, der die ganze Zeit über schweigend am Steuer gesessen hatte, unvermutet resolut ein. Seine Vorfreude war nicht zu überhören – und bald zu spüren. Vor lauter Begeisterung gab er eine kleine Brise zu viel Gas und brachte damit den Landcruiser in bedenkliche Schieflage, als er einem vorwitzigen Zicklein ausweichen musste. Ohne sich im geringsten an dem Malheur zu stören, manövrierte er unseren Wagen geschickt auf den sicheren Damm zurück, bog bald danach in eine Seitenstraße ein, nicht viel besser als die bisherige, und stoppte vor ein paar Hütten, die fast so aussahen wie die Missinghütten, nur die Stelzen fehlten. „Missings?" fragte ich unsicher. „Nein, hier wohnen Hindus. Sie sind zuständig für den Fluss-Übergang und die Brücke. Notfalls, bei Hochwasser beispielsweise, versehen sie den Fährdienst."

„Flussübergang? Brücke?", das brachte ich nicht zusammen. Weder Fluss noch Brücke waren von unserem Standort aus zu sehen. „Kommen Sie. Wir müssen ohnehin hier aussteigen und bis zu Azan Peers Haus zu Fuß gehen", lächelte Rajan. Ein paar Schritte nur – während Ali mit den Männern, die vor der Hütte saßen, verhandelte – und ich sah den Fluss, nicht sonderlich breit. Ganz sicher ein Brahmaputra-Zufluss vermutete ich. „Nein, ein kleiner Nebenarm des großen Flusses, wie häufig im Schwemmland zu beiden Seiten seiner Ufer."

Und dann sah ich die Brücke: zwei Betonpfeiler, die im Fluss standen, kein Steg, keine Seile, die sie miteinander verbanden, nichts weiter als zwei Betonpfeiler. „Ist das die Brücke?" Meine Stimme muss einen mehr als ratlosen Klang gehabt haben. Denn Rajan und Kunwar schmunzelten. „Nein, das ist eine von der Regierung geplante Brücke, die auf ihre Vollendung wartet. Wir nehmen die dort unten." Den unscheinbaren, etwa zwei Meter breiten Steg hatte ich glatt übersehen. Er bestand aus einfachem Bambusgeflecht knapp über der Wasseroberfläche. Zwei Männer waren gerade dabei, schadhafte Stellen zu reparieren. „Obwohl Bambus ausgesprochen widerstandsfähig ist, sind Reparaturen immer wieder notwendig. Die ständige Nässe setzt dem Material zu", meinten Rajan und Kunwar sich entschuldigen zu müssen. „Dann ist es gut, wenn sich jemand um die Instandsetzung kümmert", gab ich zurück und schickte mich an, entschlossen, doch mit gebührender Achtsamkeit über das wacklige Gebilde zu tappen. Bei jedem Schritt gab das Bambusgeflecht des Bodens nach, sank tiefer und näherte sich bedenklich der Wasseroberfläche, ohne dass mein Gewicht allein die Schuld daran trug. Eine ältere Frau ging vor mir her. Sie hatte es gut gemeint, wollte mir wohl zeigen, wie man am geschicktesten die Brücke überquert. Keine Frage, dass unser beider Gewicht den Steg tiefer als normal sinken ließ, sogar so tief, dass ab und zu Wasser durch das Geflecht drang. Rajan, Kunwar und Ali, die vom Ufer aus zugesehen hatten, kamen, nachdem wir Frauen die andere Seite erreicht hatten, nach – einzeln, einer nach dem anderen, so, wie man es aus Sicherheitsgründen bei einem solchen Flussübergang sinnvollerweise tut.

Während wir an einigen Hütten vorbei zu Azan Peers Haus wanderten, fing Rajan an, die Geschichte des Sufis zu erzählen. „Azan Peer kam im 17. Jahrhundert aus Bengalen hierher", begann er. „Wieso im 17. Jahrhundert?" Mein Gesicht muss ein einziges Fragezeichen gewesen sein. Hatte ich doch gemeint, einen lebenden Sufi zu treffen. Meine Begleiter amüsierten sich. „Das ist ein Missverständnis. Azan Peer lebt schon lange nicht mehr", lächelten sie. „Aber seine Nachfolger, und die haben etwas Besonderes geschaffen." Damit weckten sie erneut meine Neugier. „Also Azan Peer kam aus Bengalen hierher, um zu missionieren", erzählte Rajan ungerührt weiter. „Der damalige Ahom-König dachte, Azan sei ein Spion, und ließ ihn blenden. Er ließ ihm beide Augen ausstechen. Denken Sie nur! Kurz darauf erkannte der König seinen Fehler. Einige Chroniken berichten, Sankardev höchstpersönlich, der große Reformer und Begründer der Vaishnaviten-Kultur auf Majuli, habe dem Herrscher dieses sündhafte Tun vorgehalten und ihn ermahnt, an die Wiedergeburt zu denken. Wie auch immer, der König bereute seine Tat und schenkte

Azan Peer riesige Ländereien in der Nähe des Brahmaputra. Dort gründete der Sufi eine Moslemgemeinschaft."

„Und wo genau?" fragte ich begriffsstutzig. „Na hier. Wir befinden uns schon eine ganze Weile auf Azan Peers Ländereien. Sankardev besuchte ihn häufig, um mit ihm zu diskutieren. Es entstand so etwas wie eine Freundschaft zwischen den beiden. Der Hindu Sankardev und der Moslem Azan Peer verstanden sich so gut, dass sie anfingen, Anbetungsgesänge zu dichten. Die Moslems nennen sie Jikirs. Es wurden wahre poetische Kunstwerke, die die Seelen erfreuten, die Seelen der Hindus, die Vishnu anbeten, wie auch die der Moslems, die zu Allah beten."
„Und das im 17. Jahrhundert!" staunte ich, nicht sicher, ob ich es glauben sollte oder nicht. „Ja, und es kommt noch besser", fuhr Rajan unbeirrt fort. „Diese Gebete sind vertont worden, sind zu wahrhaften Gesängen geworden."
„Ach…", mir verschlug es die Sprache. „Das ist kaum zu glauben, im 17. Jahrhundert?" „Nein, später. Aber lassen sie uns erst einmal zu Azan Peers Leuten gehen. Es ist nicht mehr weit", spannte er mich auf die Folter. Was blieb mir anderes übrig, als geduldig mit Rajan Schritt zu halten und abzuwarten. Dass Ali, der hinter mir ging, ein Kichern unterdrückte, konnte ich während des strammen Marsches nicht bemerken.

Unvermutet standen wir auf einer weiten, von uralten Bäumen umgebenen Wiesenfläche. Nicht weit von uns ragten verwitterte Reste einer nach allen Seiten hin offenen Moschee aus dem Grün. Weit im Hintergrund stand ein einfaches einstöckiges Häuschen, vermutlich das Ziel unserer Wanderung.

Und in der Tat: Zwei Männer, die auf der Terrasse gesessen

hatten, kamen uns entgegen und begrüßten meine Begleiter, diesmal Ali zuerst, der offenbar hier gut bekannt war. Die beiden führten unsere kleine Gruppe zu einem älteren, würdigen Herrn, der auf der Terrasse saß. „Ist das der Nachfolger von Azan Peer?" raunte ich Rajan zu. „Einer von ihnen. Der Oberste ist leider gestern weggefahren. Wann er zurückkommt, weiß niemand. In Indien hat man viel Zeit. Aber dieser alte Herr hier wird sich über eine Unterhaltung mit uns freuen." Damit stellte er mich dem würdigen Moslem vor.

Nach den üblichen Höflichkeitsfloskeln kamen wir zum Grund meines Besuchs, zu den Gesängen. Brav wiederholte Rajan alles, was er mir bereits erzählt hatte, sicherlich nicht, um mich auf die Folter zu spannen, sondern um dem würdigen Alten eine Freude zu machen. Da erklang plötzlich hinter mir leise Musik, sehr rhythmische, in der Art moderner indischer Filmmusik. Lief in dem kleinen Raum hinter meinem Rücken etwa ein Fernsehgerät? Eine Satellitenschüssel war weit und breit nicht zu sehen. Eher kamen die Klänge von einem Tonband, das einer der jungen Leute abspielte. „Eigentümlich diese Musik. Sie klingt indisch und zugleich irgendwie anders. Was ist das für eine Musik?" murmelte ich mehr für mich. „Gefällt sie Ihnen?" lächelte Rajan verschmitzt. Und Ali echote mit unverhohlenem Stolz: „Gefällt sie Ihnen wirklich?" Es dauerte eine kleine Weile, ehe ich antworten konnte, denn die Klänge faszinierten mich. „Ja, sehr." Versunken in Klang und Rhythmus, war es mir unmöglich, mehr zu sagen. So schwiegen wir und hörten der eigenartigen, teilweise eigenwillig wirkenden Musik zu. Worte waren nicht zu verstehen, für mich jedenfalls. „Assamisch?", fragte ich deshalb. „Nein, Bengali", antwortete Rajan knapp und schwieg, völlig in die Klänge vertieft, völlig abwesend. Es schien, als sei ihm jede Phase des Gesangs so vertraut, als hätte er ihn schon einmal selbst gesungen.

Obwohl ich den Sinn der Worte nicht verstand, fühlte ich, dass sie etwas Spirituelles vermittelten. Bis ein Wort kam, bei dem ich hellhörig wurde: „Allah" und dann noch eins: „Mohammad". Die Gesänge! Das sind die Gesänge, die alten Gesänge von Sankardev und Azan Peer in modernem Klanggewand und Rhythmus, fiel es mir wie Schuppen von den Augen, vielleicht besser gesagt: von den Ohren.

Meine Begleiter hatten bemerkt, dass ich endlich begriff. „Das sind die Jikirs, wie wir sie nennen. Sie sind inzwischen ein Hit in Assam und haben die Mitglieder der Band weit über die Grenzen unseres Bundesstaates hinaus berühmt gemacht", erklärte Rajan. „Was Sie vermutlich verstanden haben, gehörte zu den moslemischen Anbetungen, die andere Hälfte sind die hinduistischen, für Sie sicherlich kaum zu verstehen." „Aber zu erfühlen, zu erfahren", protestierte ich. Das muss Ali ganz besonders gefreut haben, denn er strahlte übers ganze Gesicht. Und der alte Herr fing an, etwas zu erzählen, das ich natürlich nicht verstand. Rajan übersetzte: „Er meint, es sei schade, dass Sie kein Hindi sprechen. Voriges Jahr sei ein Deutscher bei ihm zu Besuch gewesen, der diese Sprache beherrschte. Man hätte dann mehr davon, könne die Gesänge noch besser erleben." „Das glaube ich sehr gerne", gab ich zu, um neugierig anzufügen: „Sind die jungen Männer der Band Moslems oder Hindus?" „Beides, ungefähr je zur Hälfte", lächelten meine Begleiter. Es schien ihnen selbstverständlich zu sein. Mir nicht, weil ich an die blutigen Auseinandersetzungen zwischen Hindus und Moslems dachte, Auseinandersetzungen, die es vor nicht allzu langer Zeit in Assam gegeben hatte. Das schien vergessen. War diese Band mit den religionsübergreifenden Gesängen vielleicht sogar so etwas wie ein Friedensstifter? Eine entsprechende Frage verbot mir die Höflichkeit. Also legte ich sie in Gedanken weit weg zu den anderen Fragen, auf deren Beantwortung ich geduldig zu warten hatte.

Nach dem Kauf einiger Kassetten mit Aufnahmen der Jikirs machten wir uns auf den Rückweg, nicht ohne vorher Azan Peers Grab zu besuchen. Diesen heiligen Platz aufzusuchen gebot allein schon die Höflichkeit. Nur, wenn ich nicht gewusst hätte, dass es sich bei dem unscheinbaren, von einer kniehohen, leicht beschädigten Ziegelmauer umgebenen Fleckchen Erde um Azan Peers Grabstätte handelt, wäre ich achtlos daran vorbeigegangen. Erst als wir davorstanden, erkannte ich das Grab an dem großen grünen, mit leuchtend gelben Schriftzeichen bedeckten Seidentuch, das im Inneren der Umrandung lag.

Ali hatte vorsorglich lange dünne Kerzen gekauft, die wir anzündeten und neben der Ziegelmauer ins Erdreich steckten. Es ging alles ruhig und seltsam sachlich vor sich, fast so, wie wenn wir jemandem, den wir besuchen, ein Gastgeschenk machen – und war es nicht so? Nur Ali verharrte einen kurzen Moment, um zu beten, still, in sich versunken. Damit nahmen wir endgültig Abschied von Azan Peer und seinen Leuten.

„Gibt es eigentlich zwischen den Hindus hier und den Missings auf der anderen Seite des Flusses Kontakte?" wollte ich wissen, als wir am Hindu-Dorf vorbeikamen. „Aber ja, selbstverständlich, warum nicht?" wunderten sich meine Begleiter. „Heiraten die auch untereinander?" Das war eine unpassende Frage. Und bei einiger Überlegung hätte ich sie selbst beantworten können. Die Antwort Rajans kam erst nach einer kleinen Weile zurückhaltenden Schweigens, was in Asien stets Negatives bedeutet: „Nein, das geht nicht", meinte er kurz.

Dann herrschte Funkstille, und ich konnte nur hoffen, dass man mir den Ausrutscher in westliches Denken nachsah. Missings sind schließlich „outcast-people". Selbstverständlich werden gerade sie in Assam entsprechend der Verfassung geachtet, haben ihre Rechte und nehmen sie auch wahr. Aber Heiraten zwischen Hindus und ihnen sind undenkbar, jedenfalls auf dem Land. Und wenn es doch zu einer Liebesaffäre käme? fiel mir ein. Das wollte ich besser nicht zur Sprache bringen. Für uns ist das Kastenwesen schwer zu verstehen. Inder leben damit. Sollten wir uns nicht besser bemühen, dieser Lebensweise ein wenig mehr Verständnis entgegen zu bringen? Zumal sich im Verlaufe der letzten Jahre ohnehin einiges spürbar geändert hat, einerseits aufgrund der indischen Verfassung, andererseits durch die Einflüsse einer auch hier bereits in den Ansätzen spürbaren Globalisierung.

Während der Rückfahrt nach Sibsagar brach Rajan sein Schweigen und erzählte von Ayurveda. Das hatte mich bereits eine ganze Weile beschäftigt. Nur gab es bisher nie eine Gelegenheit, sich darüber zu unterhalten. „Im Grunde haben wir kein Ayurveda in Assam. Ayurveda ist nicht typisch für Assam", klärte Rajan mich auf. „Bei uns arbeiten Heiler, Heiler jeder Art. Die einen kurieren ihre Patienten durch Handauflegen, die anderen, indem sie heilige Sprüche rezitieren, massieren, Kräutertränke verabreichen oder alles zusammen anwenden. Sogar Schamanen gibt es bei einigen unserer naturreligiösen Volksstämme. Die arbeiten ähnlich. Gleich, ob Heiler oder Schamane. Die Assamesen glauben daran. Sie sind es gewöhnt. Es gehört zu ihren Traditionen. Und Glaube versetzt bekanntlich

Berge." „Und Schulmedizin, westliche Medizin, gibt es die überhaupt nicht in Assam?" fragte ich entgeistert, weil mir die Malaria, das Dengue-Fieber und andere Tropenkrankheiten einfielen. „Gegen solche Krankheiten sind doch Heiler machtlos." „Ja, natürlich sind sie das, obwohl sie auch in solchen Fällen ab und zu erfolgreich waren. Aber keine Angst. Auch bei uns gibt es selbstverständlich die Schulmedizin. Wir kennen sogar die westliche Homöopathie und wenden sie an. Hahnemann ist Ihnen sicherlich ein Begriff." „Hahnemann? Natürlich ist mir Hahnemann ein Begriff, aber wieso…" stoppte ich verdutzt eine Frage, die möglicherweise wieder einmal unpassend gewesen wäre. Denn verblüfft fragte ich mich, woher Rajan dieses Insiderwissen hatte. Schließlich kennt selbst bei uns nicht jeder Hahnemann, den Begründer der Homöopathie. Hätte ich zu jenem Zeitpunkt gewusst, woher Rajan dieses Wissen hatte, wäre mir so manches klarer gewesen. So aber durfte ich weiterrätseln.

„In Guwahati, unserer Hauptstadt, gibt es trotz alledem sogar ein Ayurveda-Institut, schon allein der Ausländer wegen. Denn Ausländer erwarten Ayurveda bei uns, und das ist Grund genug", beendete Rajan das Thema entschlossen, noch ehe ich ihn fragen konnte, woher er das Insider-Wissen habe. Hatte er meine Gedanken erraten? Wollte er ausweichen?

„Shivadol ist der höchste Shiva-Tempel Indiens", hörte ich plötzlich Kunwars Stimme neben mir. Es war später Nachmittag, und wir standen am Eingang zu einem Tempelbezirk, dessen Zentrum ein gewaltiges Bauwerk beherrschte. Kunwar hatte aus einem mir noch nicht erklärbaren Grund seine Zurückhaltung aufgegeben. „Shivadol ist 32 Meter hoch. Und die beiden kleineren Tempel, die ihn rechts und links flankieren, sind Durga und Vishnu geweiht", fuhr er eifrig fort. „Wissen Sie übrigens, was ‚Sibsagar', der Name unserer ehemaligen Hauptstadt, bedeutet?" ging es weiter. Er war offenbar in Schwung gekommen. Und als ich verneinend den Kopf schüttelte, ergänzte er mit unverhohlenem Stolz: „Ozean Shivas". Shiva! Kunwar hatte offensichtlich eine besondere Affinität zu Shiva, zu dem am häufigsten verehrten der drei hinduistischen Hauptgötter. Das war des Rätsels Lösung. Deswegen vermutlich überließ Rajan, der sich diesmal schweigend im Hintergrund hielt, seinem Freund die Fremdenführer-Rolle.

Später lenkte Ali unseren Landcruiser an einem weit ausladenden See vorbei, der sich, nur durch die Straße getrennt, an der Rückseite der Tempelanlage entlangzieht. „Das ist kein See", klärte mich Kunwar auf. „Es ist ein riesiges Wasserbecken, das Königin Madambika 1734 hat erbauen lassen, gewissermaßen als Wasserreservoir." Romantisch sah er aus, der See, der keiner war. Die Abendsonne zauberte geheimnisvolles Leuchten auf die sich leicht kräuselnde Wasseroberfläche. Seerosen und Wasserlilien hatten bereits angefangen, ihre Blüten zu schließen, und die hohen Bäume ringsum warfen lange Schatten.

Trotz der späten Stunde machten wir noch einen Abstecher zum Rang Ghar, einer „Pavillon" genannten Anlage, etwa vier Kilometer vom Stadtzentrum entfernt. Der „Pavillon" entpuppte sich als zweistöckiges ovales Sandsteingebäude von, wie hier nicht anders zu erwarten, ausladenden Maßen. „Im Pavillon hat die königliche Familie die traditionellen Spiele verfolgt", übernahm Rajan nun wieder das Wort. „Was für Spiele?" „Beispielsweise Büffelkämpfe. Die hatten eine große Tradition bei uns." „Ach ja, soso…". Dass ich für Weiteres nicht mehr aufnahmefähig war, konnte ich schwerlich verbergen. Und meine Begleiter erlösten mich von weiteren Informationen, indem sie kurzerhand das Hotel ansteuerten, damit ich zur wohlverdienten Ruhe kam.

Majuli, größte bewohnte Flussinsel der Welt

27. November

„Unser Baby heißt Chris, nach seinem Opa, der Krishna heißt", plauderten die drei Frauen neben mir auf der Fähre vom Nimati Ghat zur Insel Majuli. „Außerdem finden wir ‚Chris' ganz einfach moderner. Zudem bedeutet Chris im Westen ‚Christian'. Toleranz anderen Religionen gegenüber ist uns sehr wichtig." Ein wenig müde noch wegen der Fahrt von Sibsagar zum Nimati Ghat, ging mir die volle Bedeutung dieser Aussage erst später auf.

Noch waren meine Gedanken beim Karengh Ghar, einer palastartigen Militärstation der Ahom-Könige, die wir am frühen Morgen kurz besichtigt hatten. In Sibsagar und seiner näheren Umgebung gebe es die größte und für Assam bedeutendste Ansammlung historischer Monumente aus sechs Jahrhunderten, hatten Rajan und Kunwar während der Weiterfahrt stolz erklärt. Wie wahr, aber anstrengend, wie ich fand.

Die drei Frauen neben mir waren mit dem Baby beschäftigt. So konnte ich sie in Ruhe betrachten. Ihre seidenen Saris wirkten wegen des dezenten Designs vornehm. Erlesener, geschmackvoller Goldschmuck zierte ihre Finger, Arme, Zehen und Fesseln. Eine nicht zu übersehende, man muss schon sagen Menge edler Schmuckstücke trug jede, und trotzdem wirkte es nicht billig.

Rajan, der neben mir saß, begann ein Gespräch mit den dreien. So erfuhr ich, dass die Frauen zu einer Juweliersfamilie gehörten. Das erklärte einiges. Sie seien nun, nachdem Chris vor zwei Monaten das Licht der Welt in Sibsagar erblickt hatte, auf dem Weg nach Hause, nach Garamur, dem Hauptort der Insel Majuli, alle Frauen gemeinsam, so, wie es sich in einer indischen Familie gehört: die Großmutter, die Mutter des Babys und deren Schwägerin. Wir unterhielten uns noch eine Weile über dies und das, vor allem über Deutschland und weshalb ich allein in Assam unterwegs war. Rajans Hilfe brauchten wir nicht, denn alle drei sprachen Englisch.

Ein ärmlich gekleideter, unscheinbarer alter Mann, der sich kurz bevor die Fähre gestartet war neben Rajan gequetscht hatte, verfolgte mit offensichtlichem Interesse unsere Unterhaltung. Sprach er etwa Englisch? Ein wenig war ich ihm gram, weil er trotz Rajans Bitte nicht zu bewegen gewesen war, sich einen anderen Platz zu suchen. Die Bitte mit ausdrucksloser Miene ignorierend, saß er erst einmal unverrückbar wie ein Stück Fels neben meinem Begleiter. Als wir Frauen uns unterhielten, kam Leben in ihn. Leichtes Aufleuchten seiner klugen Augen zusammen mit einem kaum merklichen Lächeln verriet, dass er, wenn auch nicht alles, so doch einige Brocken unserer Unterhaltung verstand. Auch Rajan schien es bemerkt zu haben, denn er wandte sich, diesmal ausgesprochen höflich, an den Alten. Wer war er? Täuschte vielleicht sein Äußeres – wie so oft in Indien? Understatement ist hier die Regel. Und in der Tat: Als wir ausstiegen – eher war es aus Gründen der Höflichkeit nicht möglich – raunte mir Rajan zu: „Der alte Herr ist ein Professor, der auf Majuli in einem der Satras lebt." Satras, ach ja die Satras, dazu wird sicherlich noch viel zu sagen sein, fiel mir ein. Eines nur wusste ich: „Satra" ist auf Majuli die Bezeichnung für Kloster. Neugierig auf das Kommende, folgte ich der Menschenmenge, die sich der schmalen Stiege zum Oberdeck entgegenschob.

Dabei erlebte ich eine Überraschung. Nicht nur der alte Herr, auch alle anderen neben uns sitzenden Passagiere hatten mitbekommen, woher ich kam und dass ich allein durch Assam reiste. Während wir uns langsam der schmalen Treppe näherten, erbaten einige der Passagiere ein Autogramm von mir. Reichlich verwundert kam ich dem Wunsch nach. Bis ich merkte, dass es weniger mit meiner Person zu tun hatte als mit Deutschland – und der Fußballweltmeisterschaft.

Auf dem Oberdeck stand unser Landcruiser mit Ali am Steuer. Während Ali noch warten musste, bis ihm erlaubt wurde, den Wagen zu starten, schoben wir uns der Menschenmenge folgend an Land. Über einen schmalen Brettersteg, der die Fähre mit dem Ufer verband, betraten wir historischen Boden, die Insel Majuli. Vom sicheren Ufer aus konnten wir in aller Ruhe beobachten, was die Fähre außer den Passagieren so alles transportiert hatte. Ich staunte nicht schlecht. Mindestens dreißig Motorräder, etliche Fahrräder, diverse Kisten und Kasten, Säcke, die irgendwelche Waren bargen, und alle möglichen anderen Gegenstände waren auf dem Oberdeck verstaut. Alles wurde zügig, dennoch mit gebührender Achtsamkeit an Land gebracht. Die vielen Motorräder verwunderten mich am meisten. Wer braucht wohl so viele Motorräder auf dieser Insel, die Mönche etwa? Oder soll vielleicht ein Motorradrennen veranstaltet werden? Dass Motorräder auf Majuli, der Riesen-Insel, praktische Transportmittel sein könnten, und die jungen Männer, die in den Dörfern wohnen, im Motorrad ein Statussymbol sehen könnten, nicht anders als bei uns auch, darauf kam ich nicht. Dies alles erfuhr ich wesentlich später auf der Fahrt zu den Dörfern.

Derweil lief das Ausladen wie am Schnürchen. Nur Ali

mit unserem Wagen musste warten. Als er endlich den Landcruiser über die für meine Begriffe unfallträchtigen, wackeligen Bretter an Land bugsiert hatte, konnten Rajan und ich einsteigen. Kunwar war in seinem Haus unweit des Fähranlegers zurückgeblieben. So fuhren wir nun zu dritt auf einer schmalen, immerhin asphaltierten Straße ins Innere der Insel. Fünfhundert Quadratkilometer sei sie groß, hörte ich von Rajan, zweiundzwanzig Satras habe sie und über zweihundert Dörfer. „Auf Majuli gibt es allein sieben Colleges, die mit einer entsprechend großen Anzahl von Grundschulen dafür gesorgt haben, dass die Analphabetenquote im Verhältnis zum restlichen Indien mit noch nicht einmal dreißig Prozent außergewöhnlich niedrig ist", erklärte er stolz. „Nur im Bundesstaat Kerala ist die Analphabetenquote niedriger", ergänzte er, nicht unbedingt mit Begeisterung, so doch offensichtlich, um der Wahrheit Genüge zu tun.

Nach kurzer Fahrt, vorbei an einer Schule, deren Schüler gerade auf dem Schulhof Gymnastik machten, hielt Ali im Hof eines sauberen Anwesens. Noch ehe ich ausstieg, musste ich eine Frage loswerden: „Weshalb trugen einige Buben in der Schule statt dunkelblauer Shorts weiße Wikkelröcke?" „Ach, die"; lachte Rajan, „das sind kleine Novizen aus dem Uttar-Kamalabari-Satra. Sie gehen in die Schule wie jedes andere Kind auch. Für die gibt es keine Sonderrechte, wie man vielleicht meinen könnte. Meist sind sie sehr gute Schüler, die später in eine Secondary School und aufs College wechseln. Bildung für alle war das Anliegen von Sankardev, der im sechzehnten Jahrhundert das erste Vaishnaviten-Kloster auf Majuli gegründet hat. Dieser Grundsatz wurde übrigens von Nehru und Mahatma Gandhi in die moderne indische Verfassung aufgenommen, und hier, auf Majuli, wird er bereits seit Sankardev sorgsam fortgeführt, in gleichem Maße übrigens wie die Pflege verschiedenster Künste. Darum kann man Majuli getrost als das Kultur-Zentrum Assams bezeichnen. Eines der Klöster, das Uttar-Kamalabari-Kloster, befindet sich in unserer Nähe. Nachdem wir uns ausgeruht haben, fahren wir hinüber. Und speziell für Sie wird es dort eine Überraschung geben", setzte er verschmitzt lächelnd hinzu.

Überraschung? Bildung für alle im sechzehnten Jahrhundert bereits? Vaishnaviten? Sankardev? Alles drehte sich wie ein Mühlrad in meinem Kopf. Nicht wenig gespannt, was mich erwarten würde, packte ich meine Sachen in einem einfachen, sauberen und geräumigen Zimmer aus. Sogar ein Badezimmer schloss sich dem Schlafraum an – für hiesige Verhältnisse ein unerhörter Komfort. Was kümmert's da, dass das Waschbecken für unsere Begriffe winzig klein war und es nur kaltes, aber immerhin fließendes Wasser gab? Schließlich hatte man alles mit einfachsten Mitteln liebevoll hergerichtet. Wie ich später erfuhr, war das kleine Gästehaus erst vor kurzem erbaut worden, weil das offizielle Gästehaus des Klosters nicht unbedingt den Bedürfnissen selbst einfachster Rucksacktouristen entsprach. Nun hatte ich das Glück, als erster Gast in diesem Komfort-Etablissement wohnen zu dürfen.

Doch was ist mit Sankardev? Was sind Vaishnaviten? Und welche Überraschung würde mich erwarten?

Gleich nachdem ich ein wenig geruht hatte, auf einem breiten Bett unter dem hier obligaten Moskitonetz, ging ich daran, Antworten auf diese Fragen zu finden. Rajan, wer sonst, war mein Opfer. Noch bevor wir zum Kloster, dem „Satra", aufbrachen, erklärte er mir den Begriff „Vaishnaviten". „Na, ganz einfach, das sind Hindus, die Vishnu, einen unserer drei Hauptgötter, anbeten, den, wenn sie so wollen, ‚Weltenretter-Gott'", war seine lakonische Antwort. Wie dumm von mir, dachte ich beschämt. Obwohl keine Indologin, so hätte ich doch selbst darauf kommen sollen. Denn so viel weiß man schließlich von Hindu-Gottheiten. Um den Anschein meiner völligen Unwissenheit zu tilgen, fragte ich ein bisschen scheinheilig, nach Krishna und ob auch er hier auf Majuli verehrt werde. „Ja, selbstverständlich, schließlich ist er, wie Rama auch, eine Wiedergeburt, eine Reinkarnation Vishnus", lächelte Rajan höflich.

Gewappnet mit diesem Mindestwissen, das – wie könnte es anders sein – die Neugier auf mehr geweckt hatte, landete ich nach kurzer Fahrt durch ein quirliges, sauberes Dorf im Kloster, im Uttar-Kamalabari-Satra. Dort erwarteten mich keine Mönche, sondern erst einmal die angekündigte Überraschung. Denn Ali stoppte den Wagen vor dem Gästehaus des Klosters, das wenige Schritte außerhalb des eigentlichen, sich hinter hohen Laubbäumen verbergenden Tempelbezirks liegt.

Die Überraschung entpuppte sich als ein Koch, den man eigens engagiert hatte, damit ich gut und vor allem hygienisch einwandfrei verpflegt wurde. Und nicht allein der begrüßte mich freundlich. Ein zweiter Assamese stand freundlich lächelnd neben ihm, der Koch-Gehilfe. Zwei Köche für unsere kleine Gruppe, für Rajan, Ali und mich! Da durfte man gespannt sein, was sie alles zaubern würden. Und das taten sie auch.

Nach dem mehrgängigen, eher westlichen als indischen Abendessen schlenderten wir, ehe uns Dunkelheit die Sicht nahm, noch ein wenig durch den Klosterbezirk; für mich eine Gelegenheit, mehr über Sankardev zu erfahren.

„Sankardev begründete eine neue Richtung des Vaishnavismus", dozierte Rajan, als wir an den Unterkünften der Mönche und Novizen vorbeischlenderten. „Im Kern beinhaltet Sankardevs Lehre die Idee, dass Vishnu die Wurzel all unserer Götter und Gottheiten ist. Sankardev lehrte, dass man nur durch die ‚Naam Prasanga' genannten Gebetsformen Vishnu verehren könne. Das sind beispielsweise die Vierzehn Gebete, genannt ‚choidhaya prasanga' oder das Spielen von Zimbeln und Trommeln, das wir ‚gayan-bayan' nennen, aber auch Anbetungsgesänge. Ebenso ist es üblich, Gott in Form von zeremoniellen Theaterspielen, ‚bhaona' genannt, oder mit Zeremonialtänzen zu verehren."

Damit wandte sich Rajan plötzlich um und verschwand wortlos in einem der Mönchshäuser. Mir sollte es nur recht sein. So hatte ich die Möglichkeit, wenigstens einige Notizen in mein Tagebuch zu kritzeln. Denn diese Fülle neuer Begriffe konnte ich mir unmöglich merken. Ob das Geschriebene später zu entziffern war, zumindest so, dass man sich einen Reim daraus machen konnte, blieb offen. Zwar hüllte mich ein eher lichtes, auf geheimnisvolle Weise transparentes Dunkel ein, so dass man gerade das Allernötigste sehen konnte, aber letztendlich bekritzelte ich das Tagebuchblatt nach Gefühl und aufs Geratewohl. Doch was soll's? Es blieb mir keine andere Wahl. Rajans Informationen musste man festhalten. Denn noch nirgends hatte ich derart Detailliertes über die Mönche auf Majuli gelesen oder gehört. Und beim Aufschreiben wurde mir klar, weshalb Rajan von der Pflege der Künste auf dieser Insel gesprochen hatte. Die Pflege der Künste, des Gesangs, des Tanzes, des Musizierens mit Trommeln und Zimbeln und des Theaterspielens, hatte religiöse Gründe.

Kaum war ich mit meinen Notizen fertig, erschien Rajan

und führte mich zum Eingang der Mönchsbehausung, in der er vorher verschwunden war. „Der berühmte Tanzmeister Muhi Kanta Borah Borbayan erwartet Sie", raunte er bedeutungsvoll. „Er wohnt hier." Neugierig folgte ich ihm durch einen niedrigen, dürftig beleuchteten Vorraum in ein ebenso niedriges, spärlich möbliertes Zimmer mit Lehmboden.

Zufriedensein mit dem Nötigsten, mönchische Lebensweise eben, war das erste, das mir beim Betreten des Raums durch den Kopf schoss. Beeindruckt musterte ich verstohlen die Einrichtung des gleichfalls spärlich beleuchteten Raumes, der dem berühmten Tanzmeister als Wohnung dient. Wir waren nicht die einzigen Besucher. Ein weiterer Gast stand in der Nähe des kleinen Fensters an einem schlichten, mit beschriebenen Papieren bedeckten Tisch. Nachdem uns Kanta Borbayan, wie ich ihn seinen vollen Namen verkürzend nennen durfte, begrüßt hatte, wandte er sich diesem Gast wieder zu. Vermutlich hatten wir die beiden in einem wichtigen, offensichtlich Tanzszenen betreffenden Gespräch unterbrochen. Kanta Borbayans Gestik ließ keine andere Deutung zu. Auch besonders eilig musste diese Angelegenheit sein, denn beide sprachen, entgegen allem, das ich bisher hier erlebt hatte, hastig.

Nachdem er den anderen Gast verabschiedet hatte, kam Kanta Borbayan zu uns und meinte entschuldigend: „Wir haben gleich eine Tanzaufführung. Es war noch einiges zu klären. Denn alles muss stimmen, wenn wir Lord Vishnu oder Lord Krishna verehren. Auch wenn es zuweilen ‚Aufführung' genannt wird, ist und bleibt es eine Form von Anbetung." Wir wechselten noch ein paar wenige Worte, vor allem Höflichkeitsfloskeln, und überließen den sympathischen Tanzmeister seinen Vorbereitungen.

Zu gerne hätte ich mich mit ihm länger unterhalten, zumal Rajan erzählte, dass Kanta Borbayan sein Studium mit dem Bachelor of Arts abgeschlossen hat und er mit seiner Tanzgruppe in Indien wie auch in den meisten Ländern Südostasiens bekannt sei. „Er ist nur einer von einer ganzen Reihe assamesischer Künstler, die weit über Indiens Grenzen hinaus bekannt sind. Es gibt Schriftsteller wie Dr. Pitambar Deva Goswami, der etliche Bücher über die Satra-Kultur veröffentlicht hat, andere wie Bapuram Bayan oder den Maler und Maskenschnitzer, den Abt eines unserer Klöster, Sri Koshakanta Deva Goswami, die von der Sangeet-Natak-Akademie ausgezeichnet worden sind. Rajan, ganz offensichtlich stolz auf die Erfolge der Majuli-Künstler, ratterte deren Namen nur so herunter, dass ich sie kaum akustisch erfassen, geschweige denn mir merken konnte. Später erst, in unserer Unterkunft, bat ich ihn, mir alles nochmals im Klartext und langsam zum Mitschreiben zu erzählen. Es passte gut, dass zu meinem Zimmer ein kleiner Vorraum mit Sitzgelegenheit gehörte. So konnten wir in Ruhe, beim Schein von Kerze und Stirnlampe, die wichtigsten Fakten zu Papier bringen.

Schamanen, Handwerk und Sakraltanz

28. November

Das Frühstück am nächsten Morgen servierte uns Gogoi, der Koch, wiederum im Gästehaus des Uttar-Kamalabari-Satras. Erneut überraschend westliches Frühstück: Rührei mit Bratkartoffeln, die er entgegen aller indischen Gepflogenheit mild gewürzt hatte, dazu gab es Fruchtsaft und Milchtee. Das einzige Zugeständnis an die assamesische Küche waren Chapatis, die in Indien üblichen dünnen Teigfladen, an Stelle von Brot. Nicht wenig verunsichert, dennoch erfreut über so viel Aufmerksamkeit, vertilgte ich eine für meine Verhältnisse gehörige, besser gesagt ungehörige Portion Bratkartoffeln, was Gogoi und seinen Helfer zufrieden lächelnd zur Kenntnis nahmen.

Eine geplante Fahrt ins Innere der Insel verzögerte sich, weil Ali unseren Landcruiser erst auf Hochglanz bringen wollte. Dabei ließ er sich nicht stören. Er empfand die Pflege seines Wagens in gewissem Sinne als Ehrensache. Rajan nahm die Gelegenheit wahr, um mir zu erklären, wie ein Satra-Campus aufgebaut ist. „Jede Anlage besteht aus vier einstöckigen Häuserzeilen, Hati genannt, in denen Mönche und Novizen wohnen. Im Westen würde man sie Reihenhäuser nennen. Die Unterkünfte, natürlich in der Art, wie man hier Häuser baut, also niedrige, strohgedeckte Lehm-Reihenhäuschen arrangiert zu einem Rechteck. Inmitten der Hatis stehen die Gebetshalle, ‚Naamghar' genannt, und das Allerheiligste, das man ‚Monikut' nennt." „Und wer leitet ein solches Kloster – ein Abt?" „Ja, er ist dem Abt eines christlichen Klosters vergleichbar. Wir nennen ihn nur ‚Satradikar' und der Prior, wie die Christen sagen würden, heißt ‚Deka Satradikar' bei uns", antwortete Rajan prompt. Er kannte sich aus, da er bei christlichen Patres in die Schule gegangen war. Aber es kam noch besser: „Im übrigen ähneln unsere Satras den tibetisch-buddhistischen Klöstern, was Aufbau, Anliegen und Aufgaben betrifft. Denn auch deren Mönche widmen ihr Leben religiösem Tun, welches schlichtweg alles, was ihr Leben ausmacht, trägt."

Während ich stumm und nicht wenig beeindruckt meine Notizen machte, beobachtete ich aus den Augenwinkeln Rajan, der munter drauflos plauderte, ein Wissen von sich gab, das, wenn man es recht bedenkt, daheim wohl kaum jemand, der nicht gerade vergleichende Religionswissenschaften studiert hat, besitzt. Und wieder fing ich an, über seinen Familiennamen nachzudenken.

Ali, fertig mit seiner Arbeit, winkte uns zum Einsteigen in einen auf Hochglanz polierten Wagen. Wie lange würde der prächtige Glanz halten bei diesen Straßen? Unseren Fahrer kümmerte das nicht. Er hatte seine Arbeit getan und lenkte zufrieden den Landcruiser über Straßen, die diesen Namen nicht verdienten, weil sie eher Feldwegen ähnelten. „Wohin fahren wir überhaupt?" Ich hatte ganz vergessen, nach dem Tagesprogramm zu fragen. „Sie werden staunen, zu einem Missing-Schamanen", grinste Rajan fröhlich, denn er wusste, dass mich Schamanen, vor allem echte Schamanen, interessierten. „Die Missings machen fast die Hälfte der Gesamtbevölkerung auf Majuli aus, sind also die wichtigste Ethnie, die auf der Insel lebt. Wie die Stämme in Arunachal Pradesh, wo sie herkommen, haben die Missings eine Naturreligion und beten Donyi Polo an, einfacher gesagt: Sie verehren außer Naturgeistern die Sonne und den Mond. Als Mittler zwischen den Geistern, der Sonne und dem Mond fungiert der Schamane." Das ließ mich aufhorchen. Denn es deutete auf die Art Schamanentum, das ich aus Zentralasien kannte. Und nun konnte ich endlich das nachholen, was ich während unseres Aufenthaltes im letzten Missingdorf wegen des Stoffkaufs versäumt hatte.

Erst aber stoppte Ali den Landcruiser nicht bei einem Schamanen, sondern um eine gut gekleidete, sympathische Frau mitzunehmen, die uns vom Straßenrand aus zugewinkt hatte. „Sieh da, auch hier gibt es Anhalter", murmelte ich mehr für mich. Aber Rajan hat gute Ohren. „Eigentlich weniger", konterte er. „Wir haben nur die Lehrerin aufgelesen, deren Motorrad defekt zu Hause steht. Der Weg zur Schule ist weit, und sie würde sonst zu spät kommen. Lehrer sind Vorbilder, wie sie wissen. Da mussten wir helfen, nicht wahr?" „Selbstverständlich", beeilte ich mich zuzustimmen und nahm mir vor, künftig meine Äußerungen, auch die leisen, besser vorher zu überdenken.

Unser Fahrweg, wiederum auf einem der Brahmaputra-Dämme, die das weite Schwemmland beidseits des mächtigen Flusses vor Überschwemmungen schützen sollen, erwies sich als relativ gut befahrbar. Auch gab es hier nicht ganz so viel Kleinvieh, das unseren Ali zu Stopps und zum Hupen zwang wie am Tag zuvor. So kamen wir gut vorwärts, ließen die Lehrerin in der Nähe ihrer Schule aussteigen und hielten in Sichtweite einiger, wie es schien weniger Häuser, die sich tief unten ins üppige Grün unweit des Dammes duckten. „Wir sind da", forderte Rajan mich zum Aussteigen auf. „Wir müssen zu Fuß zum Dorf gehen. Dorthin gibt es keinen Fahrweg."

Ein kleiner Fußmarsch, wie ich meinte, war angesagt. Der würde mir gut tun nach den Tagen regungslosen Sitzens in

Landcruiser und Fähre. Das aber stellte sich bald als Irrtum heraus. Der Weg führte durch eine viele Meter breite sandige Senke, offenbar durch einen versandeten Nebenarm des Brahmaputra, der normalerweise während der Monsunzeit Wasser führt. Statt flott zu gehen, mühte ich mich redlich, mit Rajan, der meine Probleme nicht zu bemerken schien, Schritt zu halten. Endlich erreichten wir die baumbestandene andere Seite der Senke. Aus dem schattigen Grün tauchten Missinghütten auf, nicht nur einige wenige, viel mehr, als ich erwartet hatte. „Es gibt hier zwei größere Dörfer", erklärte Rajan. „Jedes hat einen Schamanen. Wir gehen am besten zum Dorf vorn rechts. Dort war ich voriges Jahr mit John Paul von der BBC, der einen Film über Schamanen drehen wollte." Na, dachte ich, da bin ich ja in bester Gesellschaft, kam mir aber insgeheim ein wenig wie eine Hochstaplerin vor. Eine unbekannte alte Frau aus Deutschland tappt auf den Pfaden der BBC! Doch dann regte sich das Selbstbewusstsein, und ich fragte mich, ob die Leute von dem berühmten Sender wohl ebensoviel Hintergrundwissen gehabt haben, wie ich es mir inzwischen erarbeitet hatte. Schließlich war ich seit vier Jahren den zentralasiatischen Schamanen auf der Spur, nicht hier, aber in der Mongolei und in Tuwa, im tiefsten Sibirien.

Die Dörfer machten einen sauberen, ja beinahe aufgeräumten Eindruck. Alles wirkte wie frisch geputzt. Das sei immer so in Missingdörfern, klärte mich Rajan auf. Kleinvieh überall, Kätzchen, Ferkel, hier einer besonders kleinwüchsigen Rasse, putzige junge Hunde, Küken mit ihrer Glucke und – wenige Menschen. Ein Mann nur hatte sich an unsere Fersen geheftet. Der bot sich an, uns zum Schamanenhaus zu führen. Obwohl Rajan den Weg kannte, nahm er das Angebot an.

Das Haus des Schamanen, der Hof davor, alles wirkte verlassen. Inzwischen hatten sich einige Neugierige, vor allem Kinder, um uns versammelt. Der Schamane sei gestern weggegangen, um einem Kranken zu helfen, erfuhren wir nach längerem Palaver. „Schade, und nun?" murmelte ich eher für mich. Aber Rajan hatte wieder gute Ohren. „Wir gehen ins Nachbardorf. Dort wohnt auch ein Schamane, der sogar besser sein soll als dieser hier. Ich kenne ihn nicht, weil er, als ich mit der BBC hier gefilmt habe, verreist war. Schamanen, gute Schamanen oder solche, die spezielle Fähigkeiten haben, werden öfter nach auswärts gerufen." Damit drehte sich Rajan um und marschierte unerwartet rasch los. Mir blieb nichts anderes übrig, als ihm ebenso rasch zu folgen, obwohl ich eigentlich an einen gemütlichen Spaziergang gedacht hatte. Doch vermutlich wollte Rajan verhindern, dass wir wegen des zusätzlichen Weges Zeit verlieren und zu spät zum Mittagessen kommen. Denn Gogoi, unseren exzellenten Koch, würden wir mit einem Zuspätkommen enttäuschen.

So zogen wir, umringt von einer sich ständig vergrößernden Kinderschar, zum Nachbardorf. Ein paar Erwachsene standen vor den Eingängen ihrer Häuser und beäugten neugierig unseren Zug, trauten sich aber nicht, näher zu kommen. Vor einem stattlichen Missinghaus am Ortsrand hielten wir an, weil die Kinder uns bedeuteten, dass dies das Schamanenhaus sei. Sie taten sehr geheimnisvoll, und keiner wollte den Schamanen rufen. Denn auch hier ließ sich niemand blicken, obwohl alle mit einer gewissen Scheu versicherten, dass der Schamane in der Nähe sei.

Wie aus dem Nichts tauchte plötzlich ein einfach gekleideter, nicht eben großer alter Mann von zarter, zerbrechlich wirkender Statur neben dem Haus auf, blieb stehen und wandte uns den Rücken zu. Die Kinder verstummten, waren aber neugierig genug, um bei uns zu bleiben. Schließlich war das Ganze eine aufregende Angelegenheit für sie. Fremde Leute wollten mit ihrem als mächtig verehrten Schamanen sprechen. Das mussten sie erleben, auch wenn ihnen die Angst derart in der Kehle saß, dass sie nicht fähig waren, auch nur ein leises Wort zu murmeln.

Eine ganze Weile rührte sich der Alte nicht, und selbst Rajan war unsicher, worum es hier ging. „Vielleicht ist der Mann ein Helfer des Schamanen", raunte ich Rajan zu. „Möglich", grummelte der und fasste sich gleich mir in Geduld.

Als wir es schon nicht mehr zu hoffen wagten, drehte der Alte sich um und kam gemessenen Schrittes zu uns herüber: der Schamane! Ein gelassen lächelnder alter Mann in schlichtem Missing-Gewand stand vor uns. Kluge, fragende Augen musterten uns. Eine leichte Heiterkeit ging von ihm aus. Das machte es leichter, ein Gespräch mit ihm zu beginnen. Rajan erklärte, weshalb wir gekommen waren. Noch ehe der Schamane antwortete, wies er die Kinder an, zwei Stühle herbeizuschaffen, damit wir uns setzen konnten. „Er hat uns akzeptiert", schoss es mir durch den Kopf. Nun konnte nichts mehr schiefgehen. Auch die Kinder schienen erleichtert. Die deutlich spürbare Spannung, die zuvor über allem gelegen hatte, war verschwunden.

Nachdem er meinen Namen wusste und das Land, aus dem ich kam, nannte auch er den seinen. Holibor Payeng sei sein Name, erklärte er, und er sei der Mibu, der Schamane, hier. Dann erzählte er, vor uns stehend, warum er Schamane geworden sei. „Mein Onkel war Schamane, von dem habe ich diese besondere Begabung und das entsprechende Wissen geerbt." Die Stimme des Mibu hatte einen wohltuend ange-

Der Missing-Shamane Holibor Payeng

nehmen, melodischen Klang. Auf geheimnisvolle Weise baute sie Brücken zu den Gesprächspartnern. Sicherlich gehörte dies zu der Art, wie er seinen Beruf ausübte. Der Beruf sei so etwas wie eine Berufung, erklärte Holibor, eine nicht immer leicht zu ertragende Berufung. Denn er habe mit den Geistern zu sprechen. Und das sei nicht immer einfach, manchmal sogar gefährlich. Und dann erzählte er von seinen Aufgaben, die zum Wohle der Dorfgemeinschaft auszuführen seien, sprach von Krankenheilungen, von Bitten um gute Ernten und, wie könnte es anders sein in Asien, vom Vorhersagen der Zukunft.

Obwohl Rajan ihm inzwischen seinen Stuhl angeboten hatte, blieb der Mibu stehen. Vermutlich gehörte auch dies zu den Gepflogenheiten eines Missing-Schamanen. Als er dann unvermittelt fragte, ob ich meine Zukunft wissen wolle, verneinte ich höflich dankend mit dem Hinweis, dass meine Zukunft in eines anderen Hand liege, dem ich vertraue. Unwillkürlich hatte ich mit beiden Händen Richtung Himmel gedeutet. Das verstand Holibor, wenn auch vielleicht anders, als ich es gemeint hatte. Jedenfalls betrachtete er mich aufmerksam, als wolle er herausfinden, welche Kraft mir diese für asiatische Verhältnisse ungewöhnliche Aussage eingegeben habe.

Noch ein paar unverbindliche Worte, dann war es Zeit zum Abschied. Als ich vor Holibor Payeng stand, berührte er mit seinem Zeigefinger meine Stirn, genau dort, wo man in Asien das Dritte Auge annimmt. Ein seltsam vibrierender Strom ging von dieser Berührung aus, und der Mibu nahm mit offensichtlichem Vergnügen wahr, dass ich es gespürt hatte.

Schweigend machten wir uns auf den Rückweg. Erst im versandeten breiten Flussbett, das mir noch mehr Probleme machte als auf dem Herweg, weil ich jetzt langsam müde wurde, brach Rajan das Schweigen. „Der Mibu akzeptiert Sie", meinte er, und seine Stimme klang nach Hochachtung. „Das ist hier viel wert." Ein wenig verwundert, dennoch erfreut darüber gab ich zurück: „Er akzeptiert uns beide. Es war deutlich zu spüren." „Mibu ist übrigens das Missingwort für Schamane. Wir Ahomia (Assamesen) haben eine andere Vokabel dafür. Bei uns heißt Schamane „Bez", wich Rajan höflich aus. „Das dürfte sicherlich für Ihre Notizen wichtig sein." Da war es wieder, das typisch indische Understatement. Und es verbot mir, auch nur ein weiteres Wort über diese Angelegenheit zu verlieren.

Gleich anschließend an einen kleinen, wie zu erwarten köstlichen Mittagsimbiss startete Ali unseren Wagen für die nächste Überlandtour. „Wir werden uns die berühmten Masken im Natun-Samaguri-Satra ansehen", beschrieb Rajan das Ziel unserer Fahrt. „Es ist nicht weit, nur etwa zwölf Kilometer von unserem Uttar-Kamalabari-Satra in östlicher Richtung."

Nach dem Essen bin ich meist nicht sonderlich aufnahmefähig, eher ein wenig schläfrig, und es machte mir Mühe, Rajan zuzuhören. Doch was er dann sagte, verscheuchte jede Müdigkeit, weckte meine Neugier. Vor allem, als er dann noch ergänzte: „Die Herstellung von Masken für Ritualtänze ist eine besondere Handwerkskunst. Sie wird in diesem Satra derart hervorragend beherrscht, dass die dort geschaffenen Masken sogar in bedeutenden Museen New Delhis und Kolkatas zu bewundern sind", war ich hellwach.

Natun-Samaguri-Satra wirkte, anders als unser Quartier,

das Uttar-Kamalabari-Satra, eher wie ein Dorf. Kinder spielten auf der Straße, Hühner scharrten in den kleinen Höfen der Mönchsunterkünfte nach Futter und einige wenige Frauen standen in den Haustüren, um uns zu beobachten. „Wohnen hier die Maskenschnitzer-Mönche?" fragte ich verunsichert. „Oder gehören diese Häuschen zu einem Dorf, das dem Satra angeschlossen ist?" „Nein, wir stehen mitten im Kloster, das, zugegeben, eher wie ein Dorf aussieht. Die Mönche dieses Klosters sind nämlich verheiratet. Sie leben nicht wie die unseres Klosters im Zölibat", schmunzelte Rajan. „Ach", konnte ich nur murmeln und kramte nach meinem Notizbuch. Das veranlasste Rajan zu weiteren Erklärungen: „Der Zölibat wird in den Majuli-Klöstern unterschiedlich gehandhabt. So gibt es einige, es sind die meisten Klöster, in denen Abt, Prior und Mönche im Zölibat leben, aber wir haben auch noch andere Formen des Klosterlebens. Im Garamur-Satra zum Beispiel sind die Mönche verheiratet, während der Abt zölibatär lebt. Und im Bengenaati-Satra lebt man so wie hier: Mönche und Abt sind verheiratet."

Während ich noch Notizen machte, verschwand Rajan in einem der Mönchshäuser und kam mit einer älteren Frau zurück, die mir bedeutete, näher zu kommen. Ob es auch Frauen gibt, die Masken schnitzen, fragte ich mich im Stillen. Die Frau begrüßte mich freundlich und bat uns in den Anbau ihres Hauses. Rajan hüllte sich in Schweigen, vermutlich genau wissend, worüber ich nachdachte. Ein älterer Mann kam uns entgegen und schüttelte uns, ganz auf westliche Art, die Hände: der Maskenschnitzer. Er konnte es nur sein, denn er nahm sofort eine der Masken von der Wand und setzte sie sich auf. Es war die Maske eines bedrohlich wirkenden Ungeheuers. Als er dann noch anfing, wild herumzugestikulieren, meinte man, tatsächlich vor einem der gruseligsten Hindu-Götter zu stehen. Lachend nahm er die Maske wieder ab und hängte sie zurück an den Platz an der Wand. Viel sprach er nicht, dafür erklärte die ältere Frau an seiner Seite um so mehr. Zwischendrin hörte ich Rajan leise murmeln: „Der Mönch ist einer der bekanntesten Maskenschnitzer im Land. Er spricht wenig, weil er einen Sprachfehler hat. Er stottert." Das erklärte alles.

Eine Menge ausdrucksvoller Masken gab es zu bestaunen. Drei Wände des Raumes waren damit dekoriert, und jede Maske schien ein Eigenleben zu führen. Die vierte Wand hatte man durch zwei großflächige Fenster ersetzt, so dass der Raum von Licht durchflutet ein schlichtes, aber zweckmäßig gestaltetes Atelier war. Der Abschied von dem sympathischen Ehepaar fiel mir schwer, doch Rajan drängte zum Aufbruch. Er wollte unbedingt noch, bevor wir zu unserem Satra zurückfuhren, eine andere Handwerkerfamilie besuchen.

„Und zu welchem Satra fahren wir jetzt?" wollte ich wissen. „Diesmal nicht zu einem Satra. Wir fahren zu einer Töpferin. Die Kumars sind berühmt für ihre Keramik-Produkte. Nicht alle Handwerkskunst auf Majuli ist Sache der Mönche. Außer dem Töpfern und der Bootsherstellung liegt auch das Weben von Stoffen buchstäblich in privaten Händen. Die Missing- und Nath-Frauen stellen Seiden- und Baumwollstoffe her, die in ganz Indien bekannt und geschätzt sind. Sie sollten nur einmal einen von Missing-Frauen gewebten Endi-Chaddar oder von den Nath-Frauen hergestellte ‚pat silk' sehen! Solche Stoffe sind atemberaubend schön. Leider werden wir heute nicht mehr genügend Zeit haben, um zu den Weberinnen zu fahren. Vielleicht morgen." Mir war es nur recht. Denn so langsam kam ich wieder einmal an die Grenze meines Aufnahmevermögens.

Eine kleine, in sich geschlossene Ansiedlung versteckte sich zwischen dem Ufergebüsch unter mächtigen Tropenbäumen, das Dorf der Kumari-Gemeinschaft in der Nähe des hier besonders hohen Brahmaputra-Dammes. Unmengen bauchiger, wie Riesen-Vasen aussehender Keramikgefäße lagerten überall unter Schilfdächern. Und alle Gefäße sahen sich ähnlich. „Das sind Gebrauchsgegenstände zum Aufbewahren von Flüssigkeiten ebenso wie von Lebensmitteln wie beispielsweise Getreide", sagte Rajan, als er meinen fragenden Blick bemerkte.

In einem der Höfe saß eine Frau und formte ein solches Gefäß. Aber wo war die Töpferscheibe? Kannte ich doch die Töpfer von Jaipur, die aus Bhaktapur in Nepal und solche aus anderen Gegenden Asiens. Meist hatten die Handwerker Töpferscheiben, größere oder kleinere, aber immerhin Scheiben, die auf irgendeine Weise in Schwung gehalten wurden, von einem Helfer oder vom Töpfer selbst mit dem Fuß. Nichts dergleichen hier. Die Töpferin formte das bauchige vasenähnliche Gebilde auf einer winzig anmutenden Scheibe, die sich nicht drehte. Die Handwerkerin drehte mit sicheren, anmutig wirkenden Griffen das Gefäß und formte auf diese Weise ein Gebilde, das haargenau aussah wie alle anderen, die bereits unter den Schilfdächern lagerten. Während sie arbeitete, saß die Frau völlig aufrecht, schien in sich versunken wie eine Meditierende.

„Dies ist aber eine ungewöhnliche Art, Töpferwaren herzustellen. Ich habe es noch nirgends gesehen", murmelte ich mehr für mich. Worauf Rajan, der die Bemerkung – wie könnt' es anders sein – gehört hatte, sofort einhakte: „Das stimmt. Und Archäologen vermuten sogar eine Verbindung zur vorzeitlichen Mohenjodaro-Harappa-Zivilisation des Industales." „Ach…", mehr brachte ich vor Staunen nicht zuwege. Beeindruckt betrachtete ich nun sehr intensiv die flink arbeitende Töpferin, die gelassen ihr Handwerk ausübte, in einer einmaligen Art, deren Wurzeln weit in die Vorzeit zurückreichen mochten.

Als wir später fragten, woher sie das Material zum Töpfern nehme, wo der Lehm herkomme, meinte sie leichthin: „Den holen die Männer. Es ist auch deren Aufgabe, den Brennofen zu beschicken und zu heizen." Um nach einer kurzen Pause sehr selbstbewusst anzufügen: „Wir haben Arbeitsteilung." Ohne sich um mein Erstaunen zu kümmern, kam sie aus ihrer Arbeitshütte, setzte sich vor deren Eingang und führte uns vor, auf welche Weise der Arbeitsprozess beginnt. Und auch das wiederum mit einer winzigen Scheibe, die ein wenig erhöht auf einem kleinen Podest stand.

Später wollte ich den Brennofen sehen und staunte nicht schlecht. Erst einmal übersah ich ihn. Rajan musste mich darauf aufmerksam machen. Welcher Außenstehende denkt an einen Töpferbrennofen, wenn er einen grasbewachsenen Erdhügel sieht, der nach vorn hin offen ist. „Das soll der Brennofen sein?" fragte ich entgeistert. „Aber ja", lachte Rajan. „Es geht bei uns zuweilen archaisch zu, was aber keineswegs uneffektiv ist. Sehen Sie nur, dort am Ufer des Brahmaputra lagern die Fertigprodukte." In der Tat – längs des hohen Brahmaputra-Dammes zogen sich schilfgedeckte Unterstände hin, die weitere Unmengen von bauchigen Keramiken bargen. „Das sind gewissermaßen Lagerhallen á la Majuli", witzelte mein Begleiter. „Von hier aus fahren die Männer mit der Ware auf einfachen Holzbooten über den Brahmaputra zum nächsten Markt. Die Boote haben keinen Motor. Solchen Luxus können sich die Töpferfamilien nicht leisten. Trotzdem sind alle zufrieden, weil sie ihr Auskommen haben."

Neugierig kletterte ich auf den Damm. Oben angekommen, sah ich nur Wasser, den Brahmaputra, eine sich ins Unendliche dehnende Wasserfläche, und suchte nach dem jenseitigen Ufer, wo der Markt zu vermuten war. Nichts konnte ich sehen außer Wasser, rein gar nichts. „Und wo ist das Ufer, das die Männer ansteuern?" murmelte ich einigermaßen irritiert. „Ach, das Ufer? Das kann man von hier aus nicht sehen", amüsierte sich Rajan. Schließlich brauchen die Männer sieben Tage, um ihr Ziel zu erreichen. Der Brahmaputra ist hier gut dreißig Kilometer breit." „Oh ja, natürlich, das habe ich nicht bedacht", beeilte ich mich zuzugeben, weil wieder einmal die Dimensionen Asiens meinem europäischen Denken einen Streich gespielt hatten.

Ali, der Geduldige, saß derweil in seinem Wagen und wartete auf uns, obwohl inzwischen die Zeit drängte und er genau wusste, dass Gogoi mit dem Abendessen wartete.

Doch diesmal war alles anders. Gogoi erwartete uns nicht mit dem Abendessen. Er kam uns entgegen, stoppte den Wagen und erzählte meinen beiden Begleitern etwas, das ich nicht verstand. Es musste eine ärgerliche Angelegenheit sein, die er zu berichten hatte. Denn trotz seines Bemühens um höfliche Zurückhaltung, wie hier üblich, konnte man auch ohne Kenntnis des Assamesischen unschwer heraushören, dass es um etwas ging, das ihn empörte. „Wir werden im Vorraum zu Ihrem Zimmer essen müssen", entschied Rajan, und Ali wendete den Landcruiser, um zu unserer Unterkunft zu fahren.

Was geschehen war, erfuhr ich dort. Im Speiseraum des Uttar-Kamalabari-Satras, ausgerechnet da, wo Gogoi unser Essen servieren wollte, randalierte ein betrunkener Fremder, eine blamable Angelegenheit für das Satra. Alkohol oder anderes Berauschendes ist streng verboten, auch für Fremde. In diesem Punkt hört alle Gastfreundschaft auf. Nur schien es den Berichten zufolge schwierig, der Lage Herr zu werden und den Randalierer zu bändigen. Also richteten wir drei uns im Vorraum zu meinem Zimmer ein und warteten auf Gogoi.

Nach dem Essen, es wurde schon dunkel, fuhren wir doch noch einmal zum Satra zurück. „Etwa zum Randalierer?" witzelte ich. „Nein, etwas Besonderes erwartet Sie", tat Rajan geheimnisvoll. Ali ließ das Gästehaus mit dem randalierenden Betrunkenen rechter Hand liegen und parkte den Wagen direkt am Eingang zum inneren Klosterbezirk. Gespannt wartete ich auf das Besondere, das mein Begleiter angekündigt hatte.

„Kanta Borbayan will Ihnen zusammen mit seiner Truppe eine Kostprobe assamesischer Sakral-Tanzkunst geben", löste Rajan das Rätsel. „Sie werden die berühmte, auf Gemälden oft dargestellte Krishna-Legende mit den Gopis, den Hirtenmädchen, tanzen, einen Tanz, mit dem Krishna angebetet wird." Aha, dachte ich. Es gibt also doch Frauen in diesem Kloster. Wer sonst sollte die Hirtenmädchen mimen? Vorsichtshalber behielt ich diese Vermutung für mich, krabbelte aus dem Landcruiser und zog meine Schuhe aus. Ein Satra-Areal ist heilig. Man darf es nur barfüßig oder allenfalls in Socken betreten. Das ist nicht anders als in jedem Hindu-Tempel oder in jeder Moschee auch.

Der Weg vom Eingang des Klosterbezirks zur Gebetshalle, dem Naamghar, zog sich quer durchs Gelände. Vorsichtig tappte ich hinter Rajan her, sehr darauf bedacht, nicht etwa in Schmutz oder Hinterlassenschaften der Hühner, die tagsüber auf dem Gelände nach Futter suchten, zu treten. Allerdings erwies sich die Besorgnis als unbegründet. Das gesamte Areal war blitzsauber gefegt. Rajan, der meine Verwunderung bemerkte, meinte lächelnd: „Die Mönche legen größten Wert auf Sauberkeit. Äußere Sauberkeit und Ordnung bedeuten auch innere Sauberkeit und Ordnung. So sind alle Satra-Bewohner sehr darauf bedacht, beispielsweise den Innenhof zu fegen. Sie werden nicht das kleinste Steinchen, Äste oder gar anderes finden." Er hatte Recht. Unbeschadet, mit annähernd sauberen Socken erreichte ich das in geheimnisvolles Dunkel getauchte Naamghar. Und dort schien sich meine Vermutung hinsichtlich der Frauen im Satra zu bestätigen. Mädchen in zauberhaften assamesischen Zeremonialgewändern standen unweit der Tür um Kanta Borbayan versammelt, der uns und drei weitere Gäste freundlich lächelnd begrüßte.

Also gibt es hier doch Frauen, dachte ich zufrieden, dass sich diesmal meine Vermutung bestätigt hatte, und ließ mich neben einer der Säulen, die den Innenraum der Gebetshalle begrenzten, im Diamantsitz nieder. Die Mädchen kamen näher und formierten sich genau in dem Moment, als gedämpftes Licht die Szenerie beleuchtete. Irgendwo mussten wohl Scheinwerfer, geschickt kaschiert, im Tempel installiert sein. Nun konnte man die Hirtenmädchen, die Gopis, genauer betrachten. Und es fiel mir wie Schuppen von den Augen. Die „Mädchen" waren Männer, Mönche, die zu Muhi Kanta Borah Borbayans Tanzgruppe gehörten.

Was dann folgte, war ein unbeschreiblich schönes Erleben edelster assamesischer Tanzkunst. Kanta Borbayan schlug mit beiden Händen eine große längliche Trommel, die er

Mönche eines der 22 Satras auf Majuli

quer vor seinem Leib hängen hatte. Das war die einzige „Musik", aber was für eine Musik! Ein im wahrsten Sinne „zauberhafter" Rhythmus pur. Damit hielt der große Tanzmeister alle Fäden in der Hand. Die Mönche, Darsteller der Gopis, wiegten sich anmutig mit ausgewogen grazilen Bewegungen. Sie schienen entrückt zu sein, ganz in die Anbetung ihres Lord Krishna, dessen Statue ihnen gegenüber stand, versunken. Nicht einer von uns, die zuschauten, rührte sich. Alle waren gleichermaßen gefesselt. Auch ohne dass man die Krishna-Legende kannte, empfand jeder von uns deren Bedeutung. Wir Zuschauer waren derart eingebunden in das Tanzgeschehen, in diese für uns fremde und doch auf seltsame Weise vertraut anmutende, traumhafte Atmosphäre, dass wir, als der Tanz geendet hatte, eine Weile brauchten, um in die Wirklichkeit zurückzufinden.

Die Mönche hatten sich bereits diskret zurückgezogen, dann erst applaudierten wir. Nur Kanta Borbayan stand mitten im Naamghar und nahm den Applaus höflich dankend entgegen. „In der Tat ein großer Meister", raunte ich Rajan zu, möglichst leise, denn es war unmöglich, in dieser Szenerie, in dieser weltentrückten Atmosphäre laut zu reden. Später kam es dann doch noch zu einem kurzen, intensiven Gespräch mit Kanta Borbayan, der, wie jeder Künstler, glücklich war über den Erfolg seiner Aufführung.

Todmüde nach diesem ereignisreichen Tag, kletterte ich zu Ali in unseren Landcruiser und war froh, als ich mich kurz darauf in mein Zimmer zurückziehen konnte. Warm eingewickelt in meinen Schlafsack, unter dem Moskitonetz sicher vor nächtlichen Plagegeistern, schlief ich einem neuen Tag entgegen.

Eine Schriftstellerin, ein Heiler und zwei blinde Passagiere

29. November

Frühmorgens, ich hatte mein Gymnastikprogramm noch nicht beendet, klopfte es heftig an meiner Tür. „Nanu, ist etwas passiert?" wollte ich gerade fragen, als Rajan hereinkam. „Die Missings sind da", beeilte er sich zu erklären. „Sie haben wunderschöne Stoffe mitgebracht." Dass ich im Moment überhaupt nicht an irgendwelchen Stoffen, auch wenn sie noch so schön waren, Interesse hatte, verschwieg ich der Höflichkeit halber, folgte Rajan nach draußen und begrüßte die Missing-Männer, die im Hof gewartet hatten. Noch ein wenig verschlafen betrachtete ich die in der Tat ausgesucht schönen Stoffe. Gerne hätte ich den Missings etwas abgekauft. Nur, was sollte ich mit diesen Stoffen? Ich hatte ja bereits ein Missing-Gewand erworben.

Da kam mir ein Einfall. Vielleicht könnte es mir jetzt gelingen, das Geheimnis um Rajans Familiennamen zu lüften, indem ich einen der Stoffe kaufte und ihn Rajan als Geschenk für seine Mutter gab. Wie würde er wohl reagieren? Der Trick gelang. Verdutzt betrachtete Rajan das Geschenk und wehrte höflich ab. Das gehört schließlich hier zu den Spielregeln in einem solchen Fall. Als ich, den Spielregeln weiter folgend, darauf drang, den Stoff unbedingt seiner Mutter als Geschenk von mir zu geben, geriet er in Verlegenheit. Nach einer kurzen Weile hatte er sich gefasst und erklärte mit verbindlichem Lächeln: „Meine Mutter kann den Stoff als Gewand nicht tragen. Sie wird ihn sicherlich gerne annehmen, um damit eine Wand in ihrem Haus zu dekorieren oder ihn als Vorhang zu verwenden." „Na, wie schön, das würde mich sehr freuen. Daran hatte auch ich gedacht", gab ich prompt zurück und wusste nun, dass Rajan aus einer wohlhabenden, angesehenen Familie stammen musste. Hätte ich nur zum damaligen Zeitpunkt seinen Familiennamen oder den Mädchennamen seiner Mutter gewusst, wäre mir der Umweg über das Stoffgeschenk erspart geblieben. Trotzdem war ich froh, dem Geheimnis allmählich auf die Spur zu kommen.

Während des Gesprächs mit Rajan hatten sich die Missing-Männer in respektvolle Entfernung zurückgezogen, waren aber auf dem Hof geblieben. Um ihnen eine Freude zu machen, kaufte ich ein zweites, kleineres Stück Stoff, das aussah wie ein Bolero. „Das ist ein Mibu-Galuk, ein Überwurf, den die Schamanen tragen, wenn sie schamanieren", übersetzte Rajan, nachdem die Männer aufgeregt auf ihn eingeredet hatten. Sie waren voller Hochachtung, dass ich ausgerechnet dieses Stück Stoff für mich erworben hatte. Weshalb nur? Eigentlich fand ich es ganz einfach nur hübsch und praktisch zugleich. Zu Hause konnte man es als Bolero mit einem schwarzen Rock kombiniert tragen. Niemand würde daheim auch nur im Entferntesten dabei an Schamanen denken.

Nach diesem Intermezzo fuhren wir zum Frühstück – ins Gästehaus des Uttar-Kamalabari-Satra. „Und was ist mit dem Randalierer?" „Den hat man ausgewiesen", antwortete Rajan derart knapp, dass es ratsam schien, nicht nach den näheren Umständen zu fragen.

Das Frühstück stand längst auf dem Tisch, aber Rajan war plötzlich verschwunden. Geduldig warteten Ali und ich. In Indien hat man viel Zeit, und niemandem fällt es ein, über Verspätungen oder irgendwelche Wartezeiten zu lamentieren. Nach einer Weile erschien Rajan freudestrahlend mit einer hochgewachsenen Europäerin, einer, wie sich herausstellte, charmanten Französin. Das erklärt so einiges, dachte ich schmunzelnd, und war wieder einmal auf dem Holzweg.

Rajan hatte die Frau eigens meinetwegen im Satra aufgestöbert und zum Frühstück eingeladen. Warum, das wurde mir sehr bald klar, als sie charmant, aber pausenlos auf mich einredete, in perfektem Englisch, versteht sich. Es war eine Schriftstellerin, die über die Mönche des Uttar-Kamalabari-Satra ein Buch veröffentlicht hat und – wie konnte es anders sein – begeistert darüber berichtete. Vor lauter Erzählen und Zuhören kam das Frühstück um einiges zu kurz. Wenn auch die Erzählungen der französischen Kollegin noch so fesselnd waren, so mussten wir uns dann doch bald trennen, denn ich wollte zu gerne einmal einen assamesischen Heiler besuchen, der auf Majuli lebt und arbeitet, wollte herausfinden, welchen Unterschied es zu einem Schamanen gibt und ob überhaupt.

Auf der Fahrt zum Dorf des Heilers kam die Sprache noch einmal auf Sankardev, den Begründer des reformierten Vaishnavismus. „Sankardev hat mit seinen Ideen nicht allein den Anstoß zu den Gründungen der Satras auf Majuli gegeben, nicht allein friedlichen Kontakt zu dem großen Moslem-Weisen Azan Peer gesucht und gefunden, wie Sie wissen. Er hat auch im Keim die Grundlage zu sozialen Reformen besonderer Art gelegt. Sein erklärtes Ziel war, eine klassenlose Gesellschaft zu schaffen, in der Toleranz und Gewaltlosigkeit für eine universelle Brüderlichkeit sorgen. Später hat Abt Pitambar Deva Goswami vom Garamur-Satra diese Bemühungen fortgeführt. Er öffnete das Tor seines Satras für alle – unabhängig von Kaste und Glauben. Der Führungsstil dieses Abtes war bemerkenswert modern. Pitambar Deva Goswami leitete das Kloster, indem er Vorbild war, Beispiel gab, nicht allein in seinem Kloster, sondern auch als fortschrittlicher Bauer, der als erster Traktoren für die Feldarbeit benutzte."

Beide, Sankardev wie auch der Abt von Garamur, müssen nicht nur tatkräftige, sondern in gleichem Maße weise Männer gewesen sein, dachte ich im Stillen. Denn wie oft entladen sich soziale Probleme in Gewalt. Diese Gefahr ist groß in einem Land mit derart vielen, teils sich stark voneinander unterscheidenden Ethnien, mehreren Religionen und eben dem Kastenwesen, dessen Problematik übrigens von uns Westlern stark überbewertet wird.

Der beste Beweis für ein friedvolles, gedeihliches Miteinander war beispielsweise unsere kleine Fahrgemeinschaft. Ali, der Moslem, Rajan, der Hindu, und ich als Christin – wir verstanden uns prächtig, sehr oft auch ohne Worte. Ganz zu schweigen von den Einwohnern Majulis. Die verschiedensten Gemeinschaften leben auf der größten bewohnten Flussinsel der Welt seit undenklichen Zeiten in friedvoller Koexistenz miteinander. Hier besonders wird der indische, überall im Land mehr oder weniger zu beobachtende Lebensgrundsatz augenfällig, der da heißt: Einheit in der Vielfalt. Lag es an den geographischen Gegebenheiten, am Inseldasein, dass dies auf Majuli in besonderem Maße verwirklicht wurde?

Der Heiler, dessen Hütte wir nach kurzem Suchen fanden, war ein weiterer Beweis dafür. Er stammt aus Bengalen und lebt schon lange, ob seiner Heilerfolge hoch geachtet, auf Majuli. Wie er Heiler geworden sei, wollte ich wissen, um ihn mit den Schamanen, die ich kannte, zu vergleichen.

„Ich habe einen Traum gehabt. In diesem Traum sagte mir mein Onkel, ich solle Heiler werden", erzählte der sympathische ältere Mann. „Da bin ich nach Guwahati, in unsere Hauptstadt, gefahren und in den Kamakhya-Tempel gegangen. In diesem Tempel, einem der wichtigsten in Indien, wird Shakti, die mächtige weibliche Energie Shivas, verehrt. Dort habe ich die Kraft für meine Heilertätigkeit bekommen, zusammen mit einem Buch heiliger Sprüche. Sehen Sie, hier." Und er wies auf ein geheftetes Bündel beschriebener Blätter.

Wie es der Zufall wollte, hatte ich mir beim Einsteigen in den Landcruiser den Wadenmuskel am linken Bein gezerrt. Das war die Gelegenheit, den Heiler um Hilfe zu bitten, ihn ganz einfach, ohne Verdacht zu erregen, zu testen. Hocherfreut, seine Kunst demonstrieren zu können, sagte er zu und fing umgehend mit der Prozedur an.

Erst las er einen sorgfältig ausgesuchten Vers aus den heiligen Blättern. Danach massierte er mit geschickten, kundigen Griffen den Wadenmuskel. Als sich die gewünschte Wirkung nicht gleich einstellen wollte, bat er seinen Sohn, der inzwischen zu uns gekommen war, ein paar Tropfen Öl zu holen. Mit dem Öl massierte er geduldig weiter. Und in der Tat: Nach geraumer Weile ließen die Schmerzen nach. Zufrieden ob seines Heilerfolges lächelte er uns an, nicht ohne einen Anflug von Stolz. Nachdem ich einen mir gering erscheinenden, aber für Majuli-Verhältnisse sehr guten Obolus entrichtet hatte, konnte ich diesmal tatsächlich ohne Schmerzen in unseren Wagen steigen.

Rajan, der die Prozedur interessiert verfolgt und fotografiert hatte, wollte, während Ali uns zum Fähranleger fuhr, von mir wissen, ob es Unterschiede zwischen Schamanen und Heilern gäbe. „Oh ja, gewiss doch, die gibt es", murmelte ich, in meine Notizen vertieft. „Da ist als erstes der Beginn der Tätigkeit unterschiedlich. Die Schamanen, auch der, den wir gestern besucht haben, sind Berufene, von ihren Ahnen berufen. Das bedeutet, dass einer seiner Vorfahren Schamane war. Zudem sprechen die Schamanen mit Geistern, was immer man sich darunter vorstellt. Davon hat der Heiler nichts erzählt. Seine Hilfe kommt von Shakti, der göttlichen Kraft Shivas, ist also, wenn man so will, hinduistisch-religiös begründet. Bei den Schamanen bestimmt ein naturreligiöser Glaube das Tun. Die Geister, mit denen sie sprechen, verhandeln, manchmal sogar kämpfen, sind Natur-Geister. Eine zentralasiatische Schamanin hat mir einmal erklärt, dass es sich um Energien handele, um Energien, welche die uns umgebende Natur aussendet." „Interessant, beide arbeiten also mit Energien", warf Rajan ein, als ich eine Pause machte. „Der Heiler mit der Energie von Shakti und der Schamane mit Natur-Energien." Rajan hatte offensichtlich großes Interesse an diesem Thema. So war ich gezwungen, noch ein bisschen mehr zu erklären. „Es gibt aber einen entscheidenden Unterschied, das Bewusstsein. Der Schamane ändert sein Bewusstsein. Er geht willentlich in Trance oder Ekstase, um Kontakt mit den Geistern zu bekommen. Der Heiler, jedenfalls so, wie ich ihn vorhin erlebt habe, ganz offensichtlich nicht. Er glaubt, glaubt an die heiligen Sprüche, die er aus dem heiligen Buch liest und an sein Erfahrungswissen. Dabei ist er bei klarem Bewusstsein."

„Ach", staunte Rajan. „Das leuchtet ein. So habe ich das noch nie betrachtet." Und ich staunte aus einem ganz anderen Grund. Weshalb wohl interessiert er sich für solche Dinge. Ist es Wissensdurst? Oder hängt es mit seiner Herkunft zusammen?

Mittlerweile waren wir am Fähranleger angekommen, viel zu früh, wie ich dachte. Sicherlich aber hatte es seine Gründe und hing mit der Verladung unseres Landcruisers zusammen. Während Rajan und Ali mit dem Personal am Anleger verhandelten, blieb mir Zeit, in aller Ruhe die Er-Fahrungen und Erlebnisse auf Majuli Revue passieren zu lassen. Die Menschen vor allem hatte ich erlebt, erleben wollen, die Leute in den Dörfern, den Schamanen, den Heiler, die Handwerker, die Mönche in den Satras und vor allem Kanta Borbayan, den Künstler mit seiner Sakraltanzgruppe.

Und was war mit der Natur? Die Natur dieser einzigartigen Insel, in die alles menschliche Tun gebettet ist. Vor lauter Neugier auf die Menschen hatte ich die Natur zwar wahrgenommen, aber unerwähnt gelassen. Hatte ich den Tropenwald vor lauter Bäumen nicht gesehen? Außerhalb der Dörfer ist Majuli ein von Vogelzwitschern untermaltes Paradies der Ruhe. Ein Paradies, in dem es seltene, endogene Vögel gibt, die ich die Freude hatte, während unserer Fahrten zu beobachten, Unmengen wunderschöner Orchideen und Farne schmückten die immergrünen, von Rhesus-Affen bevölkerten Wälder. Sogar einen Fischotter haben wir gesichtet und im Natun Kamalabari Satra Indische Fliegende Füchse, das sind besonders großwüchsige Verwandte unserer Fledermäuse, auch als Flughunde bekannt. Selbst Tiger, Dschungelkatzen und Schakale soll es auf Majuli geben. Gesehen haben wir weder die einen noch die anderen. Die Tiger leben scheu und zurückgezogen in unzugänglichen Revieren, was mir nur recht war. Denn ein Zusammentreffen mit diesem Raubtier war nicht unbedingt nach meinem Geschmack, während die listigen Schakale, obwohl überall auf Majuli zu Hause, es verstehen, sich unsichtbar zu machen. Aber auch von den

Dschungelkatzen ließ sich keine blicken. Vielleicht war es auch besser so.

Unweit des Anlegers wiegten sich hohe, weiß blühende Gräser im Wind. Das Schilf, überall auf der Insel an Flussufern zu finden, schickte mir seinen Abschiedsgruß. Man hätte es sogar hören können, das zarte Rascheln des Schilfs, das wie wehmütiges Seufzen klang, wären da nicht die Geräusche gewesen, die vom Fähranleger herüberdrangen und alles lautstark überlagerten. Die Verladung der Autos, der Motorräder und des Frachtgutes hatte begonnen.

Um die Fahrt über den Brahmaputra so recht in Ruhe genießen zu können, blieb ich in unserem Wagen sitzen. Von dieser erhöhten Warte aus versprach ich mir eine bessere Aussicht während der Überfahrt.

Und wieder nahm mich dieser mächtige Strom gefangen, gerade so wie im vergangenen Jahr. Die unendliche Weite lud zum Träumen ein. Nur, lange war es mir nicht vergönnt, meinen Gedanken nachzuhängen. Rajan klopfte an die Scheibe und deutete aufgeregt gestikulierend auf den Fluss. Tatsächlich, ein Delphin schnellte aus dem Wasser, tauchte weg, zeigte uns für eine kurze Weile nur seinen Rücken, um dann das Spiel von neuem zu beginnen. Rajan und Ali strahlten um die Wette. „Delphine sind etwas Besonderes, sie sind nicht nur liebenswerte Tiere, sie bringen auch Glück", erläuterte Rajan das Geschehen. Das Glück ließ nicht lange auf sich warten.

Das Fährschiff zog unbeirrt seine Bahn. Nach Passieren einer langgestreckten, unbewohnten Insel, stampfte es wieder durch die unendlich scheinenden Wasser des Flusses. Von dem Ufer, das wir erreichen wollten, war keine

Spur zu sehen. Nur die Insel ragte schemenhaft aus dem Brahmaputra. Plötzlich kam Bewegung in die Passagiere an Deck. Alles blickte in eine Richtung, zurück zur Insel. Da kam Rajan auch schon und reichte mir ein Fernglas. „Elefanten, sehen Sie nur. Elefanten dort auf der Insel und so viele", erklärte er die Situation. „Elefanten auf einer unbewohnten Insel? Unglaublich. Wie kommen die dorthin?" Zweifelnd nahm ich das Glas und fing an zu zählen. „Das sind ja mindestens zwölf oder noch mehr, vielleicht eine ganze Elefantenherde." „Das ist ganz sicher eine Herde. Sehen Sie doch, die Elefantenbabys sind auch dabei." Schweigend betrachtete ich die Herde riesiger Dickhäuter, wie sie geruhsam, einer hinter dem anderen, über die Insel zogen. „Wie sind die dorthin gekommen? Oder leben die Elefanten auf der Insel?", wandte ich mich an Rajan, noch immer unsicher, wie das, was ich sah, einzuordnen sei. „Elefanten können gut schwimmen. Die Herde ist ganz einfach durch den Fluss zur Insel geschwommen", meinte der schlicht, als sei es die natürlichste Sache der Welt. „So ‚ganz einfach' durch den Brahmaputra?" „Ja, natürlich. Das kommt öfter vor. Vermutlich stammen sie aus einem Reservat. Irgendwann wird man sie zurückholen, oder sie schwimmen sogar selbst zurück, weil ihnen etwas nicht gefällt." Fasziniert verfolgte ich mit dem Fernglas den Zug der massigen Dickhäuter. Rajan, Ali und alle Passagiere an Deck schauten ihnen ebenfalls nach, bis sie hinter einer höheren Bodenwelle verschwanden. „Wir mögen Elefanten. Sie gehören ganz einfach zu Indien, obwohl wir Ahomia (Assamesen) ein anderes Tier, das Panzernashorn, als Wappentier haben", plauderte Rajan, als er wieder zu uns in den Landcruiser stieg.

Die restliche Zeit der Überfahrt verbrachte ich in wohligem Dösen, eingewiegt vom Blick auf die riesige Wasserfläche des Brahmaputra und vom regelmäßigen Stampfen des Schiffsmotors. Ein wenig verschlafen noch balancierte ich später über die Planken, die die Fähre mit dem Ufer am Fähranleger verbanden, und hatte einige Mühe, mich zurechtzufinden.

Das änderte sich bald, als eine Menschenmenge in meiner Nähe mit zwei Polizisten verhandelte. Neugierig ging ich näher. „Wir hatten zwei blinde Passagiere an Bord", hörte ich Rajans Stimme hinter mir. Und da sah ich sie auch schon: zwei halbwüchsige Jungen, etwa zwölf Jahre alt. „Ganz schön abenteuerlustig", murmelte ich eher für mich. Aber Rajan hatte es dennoch gehört und konterte schmunzelnd: „Fast alle jungen Leute, die auf der Insel zu Hause sind, finden das Leben dort langweilig. Sie meinen, in der Stadt, in Jorhat, sei alles besser und es gäbe mehr Möglichkeiten, Modernes zu erleben. Das ist nicht anders als überall in der Welt. Städte wirken wie Magnete. Welche Probleme dort auf sie warten, daran denken die jungen Menschen nicht, schon gar nicht diese beiden Buben." „Und was passiert nun mit den beiden?" „Die werden mit der nächsten Fähre auf die Insel zurückgeschickt. Und die Familie muss die Kosten für die Überfahrt erstatten." Die Menschenmenge hatte sich aufgelöst. Einer der Polizisten führte die Abenteurer zu einer barackenartigen Unterkunft mit dem stolzen Schild „Police", und wir kletterten schleunigst in unseren Landcruiser, damit Ali uns noch vor Einbruch der Dunkelheit nach Jorhat, ins Zentrum des assamesischen Teeanbaus, bringen konnte.

In der Nähe dieser wirtschaftlich bedeutenden Stadt Assams sollte ich übernachten, in einem ehemaligen Feriendomizil der Barooah-Familie, einer Familie, die hier, so war mir gesagt worden, das Sagen hatte. „Feriendomizil" klang nach einer besonderen, vermutlich sehr gepflegten und ausgesucht schönen Unterkunft in assamesischem Stil. Obwohl müde von dem langen, mit vielerlei Eindrücken und Erkenntnissen beladenen Tag, war ich noch neugierig genug, um mit Spannung diesem Übernachtungsdomizil entgegenzusehen.

Und wieder einmal kam es anders. Ali steuerte unseren Wagen routiniert und zielstrebig wie immer durch den abendlichen Verkehr Jorhats. Die Straßen, breiter als die Sibsagars, machten das Fahren leicht, obwohl auch hier der Verkehr für unsere Begriffe „dicht" war. Doch wer regelte den Verkehr? Polizistinnen, die souverän das quirlige Geschehen auf Jorhats Straßen beherrschten. Auf meine, zugegeben verwunderte Frage meinte Rajan: „Wir haben nicht wenige Frauen, die in diesem ‚Job' arbeiten. Im Augenblick ist unsere Regierung dabei, Witwen gefallener Soldaten, besonders Witwen von den Assam Rifles, unserer Spezialtruppe, in die Armee zu integrieren – für einen ähnlichen Job. Warum auch nicht? Wie Sie vermutlich wissen, gibt es schließlich auch Offizierinnen in der indischen Armee. Da mögen wir Ahomia (Assamesen) nicht nachstehen." Da war er wieder, der assamesische Nationalstolz. Und ich zog es vor, Rajans Auskünfte schweigend ins Tagebuch zu übernehmen. Der Nationalstolz gehört zu diesem Land. Es ist selbstverständlich, ihn zu achten.

Langsam forderte eine bleierne Müdigkeit ihr Recht, und ich sehnte mich nach dem als „besonders schön" angekündigten Übernachtungsdomizil, schon nicht mehr neugierig, sondern jetzt sehr müde. Als Ali hielt, waren wir aber noch mitten in der Stadt Jorhat, in einer zwar ruhigen, gemütlich wirkenden Nebenstraße, aber nicht, wie angekündigt, außerhalb. „Sie sind hier zu einem kurzen Besuch eingeladen", verkündete Rajan und hielt mir die Wagentür auf. „Wir sagen Rajeshs Eltern noch schnell ‚Guten Abend' und fahren dann zum Thengal Manor, wo Sie übernachten werden." „Aha", murmelte ich und versuchte mich zu erinnern, wer Rajesh ist, bis mir einfiel, dass er ein Verwandter von Rajan sein musste, der mit der Organisation meiner Assam-Reise zu tun hatte.

Was dann aber kam, verscheuchte alle Müdigkeit. Ein reizendes älteres Ehepaar hieß mich willkommen. Eine charmante junge Frau und ein freundlicher junger Mann verwickelten mich in anregende Gespräche über dies und jenes, vor allem aber über Deutschland. Meine Müdigkeit war verflogen, nicht allein wegen des Gesprächsthemas Deutschland, sondern auch wegen der freundlich-höflichen Art, dem fast liebevoll zu nennenden Ton, in dem man mit mir sprach, und eben wegen der anregenden Themen, die unsere Unterhaltung bestimmten.

Die alte Dame hatte sich zurückgezogen – in die Küche, wie sich herausstellte, als sie mich rief, damit ich mir die Hände wusch. Man hatte extra für mich einen kleinen Imbiss bereitet. Doch weshalb die große, sorgfältig gedeckte Tafel? Die Lösung des Rätsels waren junge Damen, etwa zwölf an der Zahl, die nach und nach hereinkamen, mich begrüßten und an der Tafel Platz nahmen. Waren sie etwa alle Schwiegertöchter der netten älteren Dame? So viele? Die junge Frau, mit der ich mich so gut unterhalten hatte, war mir als Schwiegertochter vorgestellt worden, aber die anderen? „Sie wohnen hier. Meine Schwiegermama führt ein Studentinnenheim", wurde ich aufgeklärt. „Ach so, wie interessant", und dann entspann sich ein fröhliches Frage-und-Antwort-Spiel zwischen den Studentinnen und mir. Nachdem ich mich kurz vorgestellt hatte mit meinem

Beruf als Sprecherzieherin und meinen Absichten, die ich mit dem Assam-Besuch verfolgte, erzählten auch sie von sich, vor allem von ihren Studien.

Derweil saßen die Herren abseits und unterhielten sich leise, nicht aber ohne ab und zu einen Blick auf unsere muntere Damenrunde zu werfen. Besonders Rajan schien sich für uns zu interessieren, sicherlich nicht wegen unserer Gesprächsthemen. Eher mochte er verwundert sein, dass sich unsere Unterhaltung hinzog. Schließlich war es inzwischen dunkel geworden, und wir mussten noch nach außerhalb fahren, zum Thengal Manor, wo ich übernachten sollte.

„Sie waren auf einmal überhaupt nicht mehr müde", bemerkte er, nachdem wir erst eine ganze Weile später zu Ali in den Wagen gestiegen waren. „Nein, eine solche Gesprächsrunde weckt alle Lebensgeister. Und schließlich gehört so etwas zu meinem Beruf", entschuldigte ich mich für die Verzögerung, wohl wissend, dass ich seine Geduld unabsichtlich auf die Folter gespannt hatte.

Nach kurzer Fahrt von etwa fünfzehn Kilometern landeten wir vor einem wahrhaft herrschaftlichen Landsitz, dem Thengal Manor. Viel konnte ich im abendlichen Dunkel nicht erkennen, aber allein schon die gepflegten Blumenrabatten gleich hinter dem Eingangstor, die Auffahrt vor dem säulenbewehrten Eingang und der Manager, der uns mit unnachahmlicher Butler-Reserviertheit begrüßte, alles wirkte wohltuend arrangiert. Und als man mich dann durch die Eingangshalle, in einen säulenbestandenen geräumigen Innenhof und in mein Zimmer führte, konnte ich nicht umhin zu sagen: „Oh, very British!" Was Rajan und dem um höflich-reservierte Ernsthaftigkeit bemühten

Hotelmanager ein vergnügtes Schmunzeln entlockte. Das ‚Very British' hatte vor allem mit der Einrichtung meines Zimmers zu tun.

Zwei breite, prachtvolle Himmelbetten nahmen einen Teil des Raumes ein, Himmelbetten, viktorianisch anmutend. Vier gedrechselte Holzsäulen trugen den ‚Himmel', darüber lagen duftige Tücher gespannt, die ringsum mit kunstvoll gesäumten Schabracken abgeschlossen waren. Eine Wand des Zimmers schmückte ein, wie könnte es anders sein, Kamin, vor dem zwei gemütliche Sessel zum Ausruhen einluden. Antike, vermutlich viktorianische Kommoden und Kommödchen vervollständigten das Interieur, ganz zu schweigen von eindrucksvollen alten Ölgemälden und diversen wertvollen kleinen Porzellan-Statuetten offensichtlich europäischer Herkunft. Ein einfacher Kleiderschrank drückte sich wie verschämt ob seiner Einfachheit in eine Ecke. Das geräumige Badezimmer bot warmes und kaltes Wasser, Dusche und Badewanne, alles Annehmlichkeiten, die mir selten während meiner Überlandreisen zuteil geworden waren. Um das Maß an Behaglichkeit voll zu machen, brachte einer der dienstbaren Geister einen kleinen elektrischen Heizofen mit der Bemerkung: „Die Nächte sind kalt im assamesischen Winter."

Das Abendessen wartete, und so kramte ich in meiner Reisetasche nach Kleidung, die wenigstens in etwa der Umgebung entsprach. Denn mein mehr als saloppes Reisedress passte keinesfalls hierher. Schließlich wusste ich nicht, wer mit mir dinieren würde.

Im Speisezimmer erwarteten mich keine weiteren Gäste, dafür drei freundlich lächelnde dienstbare Geister. Die große, für mindestens zwölf Personen gedachte Tafel war sorgfältigst für eine Person gedeckt mit atemberaubend schönem Porzellan, schwerem massiv silbernen Besteck und formschönen Kristallgläsern. „Na, denn", murmelte ich für mich und dachte dabei an „Dinner for One". Dass mir das Abendessen trotz der Müdigkeit köstlich schmeckte, war ein Verdienst des Kochs, der im Hintergrund stand und zufrieden zusah, wie ich die ausgesucht guten Speisen mit sichtlichem Appetit genoss.

Später genoss ich noch ein wenig die gemütlichen Sessel am Kamin, um in aller Ruhe mein Tagebuch zu vervollständigen. Hilfreiche Hände hatten die schweren Fenstervorhänge zugezogen. Das im Verhältnis zur Größe des Zimmers winzige Heizöfchen verbreitete angenehme Wärme.

Trotz aller Neugier auf das, was ich in dieser Gegend Indiens herausfinden wollte, was vielerorts mit Entbehrungen verbunden ist, tat diese stilvolle, harmonische Unterkunft ganz einfach gut. Vielleicht ist es langsam Zeit für eine dem Alter entsprechende Umstellung. Denn wie Thengal Manor bewies, hängt das Ausforschen bestimmter Fakten nicht unbedingt von kärglicher bis kläglicher Unterbringung ab. Und in froher Erwartung dessen, was der kommende Tag bringen würde, räkelte ich mich bald im breiten viktorianischen Himmelbett.

Thengal Manor, Assam-Tee und die Fahrt nach Kaziranga

30. November

Noch mit meinem Gymnastik-Programm beschäftigt, hörte ich früh morgens dezentes Klopfen an der Tür. „Bed tea, Madam", raunte eine Stimme draußen. Aha, wieder „very British", dachte ich und öffnete, damit der Tee zwar nicht im Bett, so wie vorgesehen, sondern am Kamin serviert werden konnte. Schließlich ist es hier, wie nicht anders zu erwarten, ein Unterschied zum Trekking in Nepal, wo die Sherpas morgens vor dem Zelt ihr „Early morning tea" rufen, damit man wach wird, aus dem Schlafsack krabbelt und den ins Zelt gereichten heißen Tee schlürft, um endgültig wach zu werden. Den „bed tea" im gemütlichen Sessel am Kamin zu genießen ist schon eine wesentlich bequemere Sache.

Gestärkt und mit morgendlichem Schwung machte ich mich noch vor dem Frühstück auf, die nähere und weitere Umgebung meines Zimmers zu erforschen. Nur ein paar wenige Schritte, und ich stand in einer geschmackvoll gestalteten Säulenveranda, die einen Innenhof mit Blumenrabatten und Springbrunnen umschloss. Das gesamte ausgesucht schöne Arrangement, die Säulen, der Springbrunnen, die Blumen, einfach alles wirkte wie ein Märchen, ein typisch assamesisches Märchen. Fast hätte man meinen können zu träumen. Doch die Neugier trieb mich weiter, in die Parkanlage hinter dem Haus. Gepflegte Rasenflächen unter ausladenden alten Bäumen, hie und da Büsche und Fischteiche wiesen diesen Park als typisch britisch aus. Thengal Manor offenbarte etwas, das man wieder und wieder, nicht allein in Assam, beobachten kann: das

Interesse der Inder, Neues anzunehmen, aufzunehmen und zu integrieren bei gleichzeitigem Wahren der Tradition.

Beim Frühstück war ich wiederum der einzige, entsprechend verwöhnte Gast. Und Rajan, der kam, um mich für die Weiterfahrt abzuholen, schoss ein paar Fotos, damit ich auch ja Thengal Manor in guter Erinnerung behielt. „Keine Sorge, Rajan", nahm ich ihm alle Zweifel. „Es ist wunderschön hier. Das kann man so leicht nicht vergessen." „Danke, das freut mich", meinte er artig. „Aber ich möchte Ihnen noch etwas zeigen." Neugierig folgte ich ihm durch die Halle, in der vielerlei dezent gerahmte Personenfotos hingen, Fotos von Einzelpersonen und Gruppen, fast ein wenig wie in einer Ahnengalerie. Vor einem Gruppenfoto mit vielen Personen machte er Halt, deutete auf eine reizende, freundlich lächelnde Dame und sagte: „Das ist meine Mutter im Kreise ihrer Familie, der Barooah-Familie." Da war es gesagt, worauf ich seit Beginn meiner Reise gewartet hatte, der Familienname Barooah. Es ist ein Name mit großem Klang in Assam. Und wie ich später erfuhr, war Thengal Manor das ehemalige Feriendomizil einer Raja-Familie gleichen Namens. Es muss eine große Familie sein, denn die Barooahs findet man auf Majuli ebenso wie in Guwahati, der Hauptstadt, dort als Straßennamen zu Ehren eines bedeutenden Arztes, oder in Jorhat, der assamesischen Tea-Town. Auch in den assamesischen Annalen tauchen die Barooahs immer wieder auf. Langsam wurde mir Rajans Interesse an der Heilkunde klar. In welcher Beziehung er zu dem berühmten Arzt stand, konnte und mochte ich nicht gleich ergründen, hoffte aber, dass sich auch dieses Rätsel irgendwann von selbst lösen würde.

Ali, der stilgerecht vor dem säulenbewehrten Eingang vorgefahren war, half mir unerwartet galant in den Wagen und steuerte dann das Fahrzeug zurück nach Jorhat, damit ich vor Ort, im Zentrum des assamesischen Tee-Anbaus, den Tee kaufen konnte, den ich wegen seines kräftigen Aromas schätzte, den Assam-Tee. Mit Rajans sachverständiger Hilfe war der Einkauf rasch erledigt.

Rajan allerdings hatte noch etwas anderes vor. „Wir haben noch ein wenig Zeit", erklärte er. „Nach Kaziranga, unserem nächsten Ziel, sind es ungefähr neunzig Kilometer, das dürfte innerhalb von eineinhalb Stunden zu schaffen sein. Ich würde Ihnen gerne einmal unseren Jorhat-Club zeigen." Jorhat-Club? dachte ich, wie interessant. Das klingt wiederum nach „very British". Und tatsächlich: Allein schon das Schild am Eingang zum Clubgelände bestätigte meine Vermutung. Dort war in schwarzer Schrift auf blankpoliertem Messing zu lesen: „Jorhat Gymkhana Club – ESTD 1876 Members Only". Wenn auch das Schild sehr viel Britisches erwarten ließ, so erwies sich die Anlage doch als gelungener, vor allem gepflegter assamesisch-britischer Mix, in dem man sich ganz einfach wohlfühlen musste.

Während der anschließenden Fahrt zum Kaziranga-Nationalpark genoss ich wieder die Ausblicke in eine Landschaft mit üppiger Vegetation, bis mir eine ungewöhnliche Stahlkonstruktion inmitten eines weiten, abgeernteten Reisfeldes auffiel. „Probebohrung?" konnte ich mich nicht zurückhalten zu fragen. „Sehr wahrscheinlich. Die Geologen vermuten noch mehr Erdöl hier", war Rajans knappe Antwort. Dann hüllte er sich in Schweigen. Und auch ich hielt es für besser, das Gleiche zu tun.

„Kaziranga ist mit seinen 700 Quadratkilometern einer der größten Nationalparks und seit 1985 als Weltkulturerbe anerkannt", brach Rajan später das Schweigen, um mich auf das zu Erwartende einzustimmen. „Dieser Nationalpark gilt als eines der am besten geschützten Wildreservate Indiens. Es gibt bei uns viele seltene Tiere wie Wildbüffel, Sumpf- und Schweinshirsch und vor allem eine langsam wachsende Population Nashörner, indischer Nashörner, ein begehrtes Objekt für Wilderer. Leicht ist es nicht, diese Burschen fernzuhalten. Denn pulverisiertes Nashorn gilt im Orient noch immer als Aphrodisiakum. Aber unsere Wilddiebjäger schaffen es, weil sie bestens ausgebildet sind und im Ernstfall sogar die Lizenz zum Töten haben. So konnte die Nashorn-Population wachsen, langsam zwar, aber immerhin. Von seltenen Säugetieren abgesehen, gibt es in Kaziranga tausende verschiedenster Vogelarten. Kaziranga ist ein Dorado für Ornithologen." Jetzt wurde mir klar, weshalb Kunwar, der Ornithologe, anfangs mit uns gefahren war. Da ich bewusst nicht gesagt hatte, was mich in Assam besonders interessiert, dachte man wohl, ich sei Vogelkundlerin.

Am Fuß der malerischen Karbi-Berge schälte sich bald aus dem urwaldartigen Grün „Wild Grass", eine attraktive Hotelanlage assamesischen Stils heraus, ein Öko-Ressorthotel, wie Rajan betonte. Und wer begrüßte uns dort mit größter Herzlichkeit? Rajans Onkel. Die Familie schien sich meiner angenommen zu haben, wie angenehm beruhigend.

Mein Zimmer, wie übrigens alle Zimmer dort mit dunklen Bambusmöbeln ausgestattet, wies ein geräumiges Bad mit fließendem warmen und kalten Wasser auf. Das Wohn-Schlafzimmer war etwas ganz Besonderes. Es erweckte den Eindruck, als lebte man mitten im Urwald, weil drei der Zimmerwände verglast waren. Nicht so, wie wir Wände verglasen, großflächig zum Beispiel. Nein, die drei Wände

Wasserbüffel im Kaziranga-Nationalpark

bestanden aus zwar großen, aber einzelnen, nebeneinander gesetzten Sprossenfenstern, ein Zugeständnis an den traditionellen assamesischen Baustil und gewiss sinnvoll wegen der dortigen Witterungsverhältnisse. Die eindrucksvolle und zugleich behagliche Unterbringung versprach einen angenehmen Aufenthalt. Und der war es auch.

Kaum hatte ich mich ein wenig ausgeruht, erklang assamesische Musik im Park der Hotelanlage. Rajans Onkel hatte eine traditionelle Musik- und Tanzgruppe gebeten, den Gästen eine Kostprobe ihrer Kunst zu geben. Zu welcher Ethnie die Künstler gehörten, vergaß ich zu fragen, vermutlich, weil mich die Darbietung zu sehr in ihren Bann gezogen hatte. Und nicht allein das war der Grund. Die anderen Gäste, ein junges Ehepaar mit Kleinkind und älterem Herrn, beschäftigten mich, weil sie deutsch sprachen. Wenn man längere Zeit andere Laute zu hören gewöhnt war, schmeichelt das heimatliche Idiom den Ohren. Waren es Landsleute? Wohnten sie in Assam? Vielleicht Entwicklungshelfer, die in Indien arbeiteten? Oder machten sie ganz einfach

Urlaub im Kaziranga-Nationalpark? Die Fragen mussten auf später verschoben werden, wollte man nicht die Darbietung der Künstler stören.

Die deutsche Familie mache Urlaub in Wild Grass, erfuhr ich später von Rajan. Sie kämen aus Berlin und wollten Assam kennen lernen. Das war Anlass genug, beim Abendessen mit meinen Landsleuten ausführlich über Assam und alles, was man in Nordostindien so erleben kann, zu plaudern.

Lady Jane und Mutter Indien

1. Dezember

„Ich liebe Elefanten", murmelte Jane, während die Mahouts mit ihren massigen Vierbeinern näher kamen. „Weshalb ich sie liebe, kann ich nicht sagen, aber ich liebe sie", ergänzte die alte Lady nun lauter und mit nicht zu überhörendem Nachdruck.

Es war früher Morgen und wir standen am Eingang zum Kaziranga Nationalpark, dem größten der fünf Schutzgebiete, die Assam beherbergt. Auch ich liebe Elefanten, fiel mir ein und nicht nur die. Afrikas riesige Baobabbäume mag ich ebenso, vielleicht weil sie Elefanten ähneln. Eine entsprechende Bemerkung verbot mir ein Seitenblick auf Jane. Schweigend und äußerst konzentriert beobachtete die alte Dame jede noch so kleine Bewegung ihrer Lieblinge. „Elefanten sind nicht nur faszinierende Tiere. Elefanten gehören zu Indien wie der Sari zu Indiens Frauen", dozierte sie und streifte mich mit einem Bestätigung heischenden Blick, vermutlich, weil ich noch immer schwieg. „Stimmt, das finde ich auch. Sicherlich hat es seine Gründe. Denn verehren die Inder nicht seit Urzeiten den Elefanten, ihren Glück bringenden Elefantengott Ganesha?" konnte ich gerade noch entgegnen, ehe mir der Mahout auf den Elefantenrücken half. „Elefantenköpfiger Gott", korrigierte Lady Jane, die nun gleich mir, aber in unnachahmlich perfekter Haltung auf ihrem Reittier saß.

Dann umschloss uns das große Schweigen des weiten grünen Schwemmlandes am Brahmaputra, einer Landschaft übrigens, die wegen ihrer Einzigartigkeit und Schönheit zum Weltkulturerbe gehört. Wasserbüffel zogen äsend durch hohes Elefantengras, Spuren wie kleine Bachläufe aufbrechend, weil der Schwemmboden von der letzten Flut noch triefend nass war. Das weiße Gefieder von Seidenreihern setzte vielfache Lichter ins satte Grün. Am Waldrand meinte ich die Rücken von zwei kleinen Elefanten zu sehen. Der Mahout vor mir schüttelte energisch verneinend den Kopf, als ich es ihm sagte. „Das sind Panzernashörner, keine Elefanten", entgegnete er sachlich und sehr höflich, um mit leichtem Nachdruck anzufügen: „Und unser ganzer Stolz, das Symbol Assams." Beeindruckt verfolgte ich die beiden grauen Rücken und wartete darauf, dass sie näher kamen. Den Gefallen taten sie mir allerdings nicht. Stattdessen entzogen sie sich langsam aber sicher unseren Blicken und verschwanden im dichten Dschungelgewirr. „Unsere Tiger sind sehr scheu. Die werden wir vermutlich heute nicht sehen", meinte der Mahout sich entschuldigen zu müssen. Dass ich auf eine Begegnung mit assamesischen Tigern nicht sonderlich erpicht war, schien er glücklicherweise nicht zu bemerken.

Von Jane auf ihrem Elefanten vor uns war nicht die geringste Äußerung zu hören. Sie kannte alles, schien hier zu Hause zu sein. Sie genoss die verzaubernde Morgenstimmung schweigend.

Weshalb hält sich diese englische Lady, denn eine solche schien sie zu sein, in der nassesten Monsunecke der Welt auf? Sie hat anscheinend für längere Zeit hier ihre Zelte aufgeschlagen. Ist sie Forscherin, Biologin vielleicht? Elefanten, von denen sie mit großer Herzlichkeit sprach, könnten die Erklärung sein.

Später, als wir nach dem Elefantenritt auf der geräumigen Terrasse der Wild Grass Lodge unseren Tee tranken, begann sie zu erzählen – mit einer unerwarteten Feststellung: „Ich wohne hier. Wild Grass im Kaziranga Nationalpark ist seit einigen Jahren bereits mein fester Wohnsitz und wird es bis ans Ende meiner Tage bleiben." Die Pause, die sie uns nun schenkte, brauchte ich, um meine Verblüffung zu verbergen. War vielleicht ein Liebhaber der Grund ihres Hierseins? schoss es mir durch den Kopf. Als hätte Jane meine Gedanken erraten, kicherte sie amüsiert. „Nein, es steckt kein Mann dahinter. Die meisten vermuten so etwas, aber es verhält sich vollkommen anders. Das kalte England und Mutter Indien waren die Gründe für meinen Wohnungswechsel." Mit dieser Erklärung konnte ich überhaupt nichts anfangen. Und in mein verdutztes Schweigen hinein meinte Jane: „Ganz einfach, mir ging es um mehr als um eine andere Wohnung, um mehr als ein neues Zuhause. Die Menschen im alten Europa haben ihre Menschlichkeit verloren, wenn Sie wissen, was ich meine." Das wusste ich nicht genau und muss ein entsprechend ratloses Gesicht gemacht haben. Denn die alte Dame sah sich gezwungen, weiter auszuholen.

„Sehen Sie, nachdem mein Mann gestorben war, und ich Zeit hatte, mich mit der Lebensweise der Menschen ringsum zu beschäftigen, neugierig war ich schon immer, fiel mir die Gefühlskälte auf, die den Umgang der Leute untereinander beherrschte. Mut zum Mitgefühl, zum guten Handeln gab es nur noch vereinzelt. Herzlichkeit und liebevolle Wärme waren verschwunden, selbst in den meisten Familien. Keiner hatte Zeit für den anderen. Jeder dachte nur an sich, wollte sich möglichst schnell und vor allem gut vermarkten. Achtung vor der Würde des Alters fand man lächerlich altmodisch. Kurz, Jugendwahn und Egoismus feierten Triumphe. Irgendwie kam mir unsere Gesellschaft krank, ja morbide vor. Und das Schlimmste war, dass die Menschen diesen

Nationalparkwächter auf Patrouille

Zustand nicht zu bemerken schienen. Was lag näher, als sich in einer anderen Kultur umzusehen, herauszufinden, wie die Menschen dort miteinander leben. Indien fiel mir ein. Der Subkontinent, über den ich früher einmal einige Bücher gelesen hatte. In diesen Büchern war nicht selten von ‚Mutter Indien' die Rede. Das hatte sich in mir festgesetzt. Mit dem Begriff ‚Mutter' verbindet man im Allgemeinen alles, was ich zum damaligen Zeitpunkt daheim vermisste. Entschlossen machte ich mich auf, den Begriff ‚Mutter Indien' zu ergründen.

Das Ergebnis sehen Sie vor sich: Eine Britin, die ausgerechnet in Indien alles gefunden hat, was in dem Teil Europas, den sie kannte, verschwunden war. Herzlichkeit, rücksichtsvolle Höflichkeit, die die Würde des Mitmenschen und des Alters achtet, Hilfsbereitschaft, ohne Dank zu erwarten, geistige Toleranz und vor allem zwar distanzierte, doch liebevolle Wärme im Miteinander. Die Bereitschaft, Erleben, Erfahrungen mit anderen zu teilen, den Mitmenschen daran teilhaben zu lassen – falls er es möchte. Kurz, ich war bei ‚Mutter Indien' angekommen, hatte eine neue Heimat gefunden."

Der Boy kam, um Tee nachzuschenken, was mir nur recht war. Denn eine Antwort fiel mir schwer. Zu viele ungeordnete Gedanken schwirrten durch meinen Kopf. Hatte ein erfahrener Indien-Reisender nicht einmal geäußert: „Alles, was man über Indien sagt, ist ebenso richtig wie falsch"? War vielleicht eine Art Kulturschock der Grund für Janes Wohnsitzwechsel? Dagegen spricht die lange Zeit, die sie bereits in diesem Lande wohnt, sich hier daheim fühlt. Aber wer garantiert, dass nicht auch ‚Mutter Indien' krank wird?

Die alte Dame schien meine Gedanken zu erraten. Sie lächelte: „Ich hoffe, Sie sind nicht allzu sehr geschockt. Vielleicht aber überdenken Sie einmal ihre Situation in Old Germany und erzählen mir davon, später, wenn Sie wiederkommen. Es eilt nicht. In Indien hat man viel Zeit."

Noch in Gedanken mit Jane und ‚Mutter Indien' beschäftigt, war ich gleich nach dem Gespräch in unseren Landcruiser gestiegen, denn Rajan hatte zwar sanft, doch sehr bestimmt zum Aufbruch gedrängt, weil es heute galt, eine längere Strecke von ungefähr 220 Kilometern zu bewältigen. Guwahati, die Hauptstadt, war unser Ziel.

Janes Bericht beschäftigte mich noch eine ganze Weile. Ihr Hinweis auf die Situation der Gesellschaft in Old Germany wollte mir nicht aus dem Kopf. War sie doch, zugegeben, nicht wesentlich anders als in England. Nur, jetzt war ich in Indien, im äußersten Nordosten des Subkontinents, wollte Assam und die Assamesen kennen lernen. Folglich mussten die Grübeleien über den Zustand der Gesellschaft in Old Germany warten. „Assam" hieß die Aufgabe, die ich mir gestellt hatte, und der galt es sich voll und ganz zu widmen.

Ali war es, der mich sehr schnell in die assamesische Realität zurückholte, indem er anhaltend und, wie es schien hingebungsvoll hupte. Waren etwa wieder Tiere auf der Fahrbahn? Keineswegs. Ein Linienbus fuhr vor uns her. Und das Hupen galt einem anderen Zweck, den ich bereits von Fahrten in Kolkata und New Delhi kannte.

Hupen und eine scheinbare Regellosigkeit empfinden Touristen als besonderes Kennzeichen indischen Straßenverkehrs. Das ist in Assam nicht wesentlich anders. Warum aber wird gehupt? Weshalb tut es Ali, der ruhige, besonnene Fahrer unseres Wagens? Keineswegs aus Ungeduld, um den Linienbus zur Seite zu scheuchen oder um ihm die Macht des Schnelleren, Stärkeren zu demonstrieren, wie bei uns daheim vielfach üblich. Das Hupen gilt lediglich als Verständigungsmittel mit dem vorausfahrenden Fahrzeug. Es bedeutet: „Ich fahre hinter dir so lange her, bis du ein Zeichen gibst, dass ich gefahrlos überholen kann." Außerdem zeigt es dem aus der Gegenrichtung kommenden Verkehr an, dass hinter dem Bus ein kleineres Fahrzeug fährt. Ali also hupte so lange, bis ihm ein Handzeichen vom Beifahrer des Linienbusses sagte: „Nun darfst du gefahrlos überholen."

An die Regellosigkeit allerdings muss man sich gewöhnen. Regeln wie bei uns „Rechts hat Vorfahrt" kennt man selbstverständlich, beachtet sie aber nicht, weil hier andere Gesetzmäßigkeiten gelten. Es mag sich um eine Art innerer Gesetzmäßigkeit handeln, die mit dem Überleben in der indischen Gesellschaft zu tun hat. Ampeln funktionieren sehr oft nicht. Doch den Anweisungen der Verkehrspolizisten und -polizistinnen folgt man bedingungslos, wie ich in Jorhat erleben konnte.

Trotz des die meisten Touristen nervenden Hupens, trotz Regellosigkeit, dichten Auffahrens, haarscharf Aneinandervorbeifahrens gibt es relativ wenige Unfälle, außer auf den Durchgangsstraßen. Das aber hat andere Gründe. Die großen Überlandstraßen Indiens befinden sich in mehr oder weniger desolatem Zustand. So ist es nicht verwunderlich, wenn der eine oder andere Lastwagen wegen einer Reifenpanne am Straßenrand liegen bleibt oder gar in den Straßengraben kippt. Hilfreiche Hände sind schnell zur Stelle. Schließlich hat sich der Reparaturdienst an den

Rändern der Durchgangsstraßen zu einer ausgesprochen einträglichen Verdienstmöglichkeit gemausert. Vielleicht gelingt es der indischen Regierung in absehbarer Zeit, ausländische Konzerne für Investitionen in die marode Infrastruktur zu gewinnen. Pläne liegen vor. Man kann nur hoffen.

In Assam sind die Durchgangsstraßen durchweg in recht gutem Zustand, falls nicht gerade der Brahmaputra das Land überschwemmt hat. Über die Nebenstraßen, besonders in abgelegenen Gegenden, schweigt man besser, denn deren Zustand ist nicht sehr viel anders als in den restlichen indischen Bundesstaaten.

Die Hauptstadt Guwahati bot nach zwar langer, doch unfallfreier Fahrt die beste Gelegenheit, den assamesischen Stadtverkehr ausgiebigst zu genießen. An jenem Tag nämlich waren sämtliche Straßen vollgestopft mit Autos, Lastern, Bussen, Fahrradtaxis und allem anderen, das zwei oder vier Räder hat. Ein Verkehrsinfarkt größeren Ausmaßes! Zwar sind die Straßen in Guwahati nicht sonderlich breit, doch war mir vom Vorjahr erinnerlich, dass man ohne nennenswerte Behinderungen durch die Innenstadt fahren konnte. Das Rätsel war bald gelöst. Ausgerechnet an jenem Tag hatten zwei Demonstrationen stattgefunden, die eine anlässlich des Welt-Aids-Tages und die andere wegen eines Wahlkampfes. Just bei unserer Ankunft war man dabei, mit irgendeinem fahrbaren Untersatz dem heimatlichen Herd zuzustreben, weil die Demonstrationen zu Ende waren. Kein Wunder also, wenn wir nur äußerst langsam, Stückchen für Stückchen, vorwärtskamen. Selbst Ali, unser besonnener Fahrer, schien sich einer gewissen Nervosität nicht gänzlich erwehren zu können, was durchaus verständlich war, denn er steuerte das erste Mal in seinem jungen Leben einen Wagen durch Guwahati. Trotzdem meisterte er diese am Tage unserer Ankunft besonders schwierige Aufgabe problemlos und lieferte uns wohlbehalten im Hotel Dynasty ab.

Trotz der langen Fahrt war ich nicht müde. Möglich, dass mich der hauptstädtische Verkehrsinfarkt munter gehalten hat. Gab es doch während des Stop-and-go-Fahrens ungemein viel zu sehen. Da waren die vielen Lädchen, eines neben dem anderen, meist wohl geordnet nach dem, was sie anboten: hier eine Reihe mit Lädchen, die Textilwaren führten, dort Korbwaren, dann wieder eine ganze Ladenzeile mit Schuhgeschäften, nicht solche, wie wir sie uns vorstellen, eher engbrüstige Verkaufsstände, wie es halt so üblich ist in diesem Land. An einigen Stellen waren die Ladenzeilen aufgerissen, weil sich ein mehr oder weniger aufwändig gestaltetes Hotelportal dazwischendrängte.

Guwahati ist und bleibt trotz des Hauptstadt-Ambientes ein, wenn auch überdimensionaler, so eben doch ein Marktplatz. In alter Zeit haben hier die Khasi, eine der bedeutendsten Ethnien Nordostindiens, schwunghaften Handel mit Betelnüssen betrieben. Der Name „Guwahati" weist darauf hin. Denn auf Assamesisch heißt Betelnuss „Gua" und „Hat" Markt, zusammengesetzt: „Guahat". Während der britischen Kolonialzeit wurde daraus „Gauhati" und später „Guwahati". Guwahati ist zwar die Hauptstadt Assams, der Sitz der Staatsregierung befindet sich aber im wesentlich ruhigeren und gepflegteren nahen Dispur.

Außer Guwahati gibt es noch einige andere bedeutende Markt-Orte in Nordostindien, wie beispielsweise Jorhat, das Zentrum des Tee-Anbaus. Eines aber zeichnet Guwahati besonders aus: Es gilt als Tor zu den Sieben Schwestern, zu den sieben Bundesstaaten im äußersten Nordosten der Indischen Union. Und die Geschäfte, die man heutzutage hier macht, sind anderer Art, beispielsweise geht es um Tee, Seide und Erdöl.

Mit solchen und ähnlichen Gedanken machte ich es mir nach dem Abendessen in der Hotelhalle bequem, las die Tageszeitung und versuchte anhand des örtlichen Reiseführers das im vergangenen Jahr erworbene Wissen aufzufrischen.

Als ich im Reiseführer über etwas völlig Unverständliches stolperte, bat ich den neben mir sitzenden Hotelgast um Hilfe. So kamen wir ins Gespräch. Wie sich bald herausstellte, war er Geschäftsmann und nach offensichtlich zufriedenstellenden Abschlüssen auf der Rückreise nach Kolkata. Unser Gespräch, eher ein freundlich-höflicher Smalltalk, nahm dann doch sehr bald eine interessante Wendung, als ich vorsichtig, aber mit Bedacht das Erdöl-Vorkommen erwähnte, in der Hoffnung, über diesen für Assam sicherlich bedeutenden Wirtschaftszweig ein wenig mehr zu erfahren. Mein Nachbar lächelte amüsiert, als hätte er meine Absicht erraten, und fragte unverblümt: „Wissen Sie eigentlich, wer das Erdöl-Vorkommen entdeckt hat?" „Geologen vermutlich." Mir fiel nichts Besseres ein. Schließlich fällt so etwas in deren Arbeitsbereich. „Nein, weit gefehlt", lächelte der Geschäftsreisende höflich. „Ein Elefant soll das Erdöl entdeckt haben, sagt man." „Ach!" In meine Ratlosigkeit hinein erzählte er dann eine Geschichte, die typisch indisch, aber vor allem wahr sein musste, auch weil Geologen darin vorkommen, obwohl sie erst einmal eine untergeordnete Rolle spielen.

„Wie Sie wissen, gibt es in Assam Elefanten, vor allem

in den großen Naturschutzgebieten", begann er. „Es sind wilde Elefanten, die von gut ausgebildeten Wildhütern beschützt werden. Die Wildhüter werden bei ihrer Arbeit von Mahouts mit deren zahmen Elefanten unterstützt."

An dieser Stelle wollte ich wenigstens kurz eine Bemerkung über meine Erlebnisse in Kaziranga einwerfen. Doch mein Nachbar war derart in seine Erzählung vertieft, dass es unhöflich gewesen wäre, ihn zu unterbrechen. So schwieg ich und hörte seinem Bericht zu.

„Eines Tages", fuhr er fort, „eines Tages war einer der Mahouts mit seinem Elefanten unterwegs, als das Tier plötzlich stoppte und nicht zu bewegen war, auch nur einen Schritt weiterzugehen. Das ist äußerst ungewöhnlich. Elefant und Mahout sind eine Einheit, ein eingespieltes, ja sich liebevoll verbunden fühlendes „Team", wie man heute sagen würde. Sie verstehen sich blind. Um nachzusehen, was der Grund für das Verhalten seines Freundes war, stieg der Mahout vom Rücken des Elefanten. Vor dem Tier lag ein großer dunkelbrauner, undefinierbarer Klumpen, kein Kot, kein Stein. Es fühlte sich sonderbar weich an, behielt aber seine Form, als der Mahout es aufhob und in ein Tuch einband. Dann erst war der Elefant zu bewegen, den Weg fortzusetzen. Zu Hause angekommen, brachte der Mahout seinen Fund zum Leiter der Station, und der gab ihn weiter an Geologen. Alles Weitere können Sie sich denken", schloss mein Nachbar seinen Bericht, lächelte verbindlich und erhob sich mit einem „Nun muss ich leider gehen. Es ist schon spät." Ich konnte ihm nur noch nachrufen: „Danke, tausend Dank für diese aufschlussreiche Geschichte", ehe er im Lift verschwand.

Nun hatte ich endlich eine weitere der Fragen, die mich zu

Anfang meiner Reise bewegten, beantwortet bekommen, beantwortet mit einer wunderschönen und typisch indischen Geschichte. Auch wenn sie unwahrscheinlich klingt, ein Körnchen Wahrheit enthält sie sicherlich. Zumindest zeigt sie das auf, was Lady Jane in Kaziranga gesagt hatte: „Elefanten gehören zu Indien wie der Sari zu Indiens Frauen." Ob es wohl um das Symbol Assams, das Nashorn, eine ähnliche Story geben mag? Wer weiß. Vielleicht erfahre ich sie bei meiner nächsten Reise.

Der Kamakhya-Tempel und die Universität von Guwahati

2. Dezember

Trotz der Nähe zum Brahmaputra ist die Luft in Guwahati nur morgens einigermaßen gut zu nennen. Der Verkehr, der im Laufe des Tages stärker wird, baut, zusammen mit einem feucht-warmen Tropen-Klima, eine Smog-Glocke auf, die das Atmen schwer werden lässt. Zum Glück war es Winter und damit Trockenperiode mit kaum nennenswerten Niederschlägen. Während der Monsunzeit aber – zwischen April und September – braucht es ganz sicher eine gute körperliche Verfassung, um als normaler Mitteleuropäer dieses Klima aushalten zu können.

Jetzt, am frühen Morgen des 2. Dezember, war vom Smog noch kaum etwas zu spüren und wir machten uns auf den Weg zum bedeutendsten Heiligtum Guwahatis, zum Kamakhya-Tempel. Ich hatte es mir gewünscht, wollte ein zweites Mal die besondere Atmosphäre dieser heiligen Stätte erleben. Ein freundlich lächelnder Mönch im roten Gewand erwartete Rajan und mich am Eingang zur inneren Tempelanlage. Und dann geschah etwas, das völlig anders war, als ich es vom vergangenen Jahr in Erinnerung hatte.

Der Mönch führte mich zu einem Nebeneingang des Haupttempels, packte mit verbindlichem Lächeln meine Hand und zog mich unerwartet schnell – ich konnte ihm kaum folgen – ins Innere der heiligen Stätte. Im Eiltempo ging es durch das verschlungene Labyrinth der dunklen, engen Gänge, vorbei an einer kaum übersehbaren Menge von Pilgern, die so wie wir im Vorjahr langsam Schritt für Schritt vorwärtsgingen, um zum zentralen Heiligtum des tantrischen Hinduismus zu kommen. Die Eile, mit der alles geschah, ließ mir keine Zeit für innere Ruhe und Sammlung, schon gar nicht für das Er-Fühlen der besonderen Atmosphäre des Tempels. Im Gegenteil, ich musste meine ganze Aufmerksamkeit darauf richten, dass ich auf den unebenen, glitschigen, teils bergab führenden Steinpfaden nicht stürzte. Originalzitat aus meinem Tagebuch: „Der Mönch zerrt mich zum Heiligtum und wieder zurück. Ich zerre dabei meinen angeschlagenen Wadenmuskel…"

Glücklich draußen angekommen, überlegte ich ein wenig enttäuscht, warum der zwar sympathische Mönch seine Aufgabe derart schnell erledigt wissen wollte. Wollte er zeigen, wie versiert er ist? Oder war ihm nicht ganz wohl bei dem Gedanken, eine Christin durch diesen bedeutenden heiligen Ort des tantrischen Hinduismus zu führen? Erwarb er dadurch womöglich schlechtes Karma? Vermutlich aber hat er sich gar nichts dabei gedacht, war es nur Routine, die ihn hat derart handeln lassen. Der Hinduismus kennt keine Ausgrenzung anderer Religionen, und ich bin wieder einmal abendländischem Denken aufgesessen. Eine duale Logik wie im Abendland gibt es nicht im Hinduismus, es ist da kein Platz für Gegensätzlichkeiten, wie zum Beispiel Gut und Böse. Für einen Hindu existiert immer ein drittes Prinzip, das über beide Werte hinausgeht. Man könnte es wohl vereinfacht „Toleranz" nennen. Folglich hat der Mönch die ihm gestellte Aufgabe in seinem Sinne völlig korrekt erledigt. Er ist es eben durch jahrelange Übung gewöhnt, schneller als die Pilger durch das Heiligtum zu gehen. Schließlich ist Kamakhya sein Zuhause. Und die Pilger? Auch die waren es gewöhnt, dass ab und zu mal ein Mönch eilig an ihnen vorbeihuscht.

Nach einer kleinen Weile des Überlegens fiel mir etwas ein,

das die seltsame Eile des Mönchs auf einfache Weise erklären konnte. In Kamakhya werden der Göttin Shakti Ziegen geopfert. Man schlägt ihnen die Köpfe ab, damit Blut fließt – als Opfergabe. Das ist in allen der gleichen göttlichen Kraft gewidmeten Hindu-Tempeln so, gleich, ob es sich um Durga oder Kali handelt. Wollte der sympathische Mönch mir, der Westlerin, den Anblick geköpfter Ziegen ersparen? Vielleicht hatte er unangenehme Erfahrungen mit zartbesaiteten Westlerinnen gemacht...

Wollte ich nicht erfahren, wie es „hinter den Kulissen" aussieht? Hatte ich mir nicht vorgenommen, das Wählen und Urteilen, die abendländische duale Logik, aufzugeben und alle Erfahrungen unterschiedslos anzunehmen? So gesehen war der zweite Besuch im Kamakhya-Tempel eine gute Lehre.

„Wir fahren jetzt zum Campus, zur Uni Guwahati." Rajans eindringliche Stimme holte mich in die Wirklichkeit zurück. „Es ist nicht weit, etwa elf Kilometer vom Stadtzentrum entfernt, Richtung Flughafen."

Der Campus im Stadtteil Jalukbari entpuppte sich als riesiges Areal, das man am besten motorisiert durchquert. Flache, einstöckige Gebäude, in denen die Hörsäle untergebracht sind, schmiegen sich in weite, mit hohen Bäumen durchsetzte Rasenflächen. Die Hörsäle im Inneren der langgestreckten Bauten verdienen die Bezeichnung „Saal" nicht. Wir würden sie wegen ihrer Größe eher als Unterrichtsräume bezeichnen. Offensichtlich legt man hier selbst an einer Universität Wert auf kleine Lern- und Arbeitsgruppen. Alles ist äußerst schlicht, mit einfachsten Mitteln, aber sinnvoll eingerichtet. Würden unsere Studenten daheim solch ein Umfeld als unwürdig primitiv

Kamakhya-Tempel

bezeichnen?

Und wieder kam ich ins Grübeln, besonders, nachdem einige Professoren ihre wertvolle Zeit für ein Gespräch mit mir geopfert hatten. Es war nicht allein reine Höflichkeit, die sie dazu veranlasste. Etwas anderes konnte man – bei allen Gesprächen übrigens – spüren, etwas für mich völlig Unerwartetes, die Hinwendung zum Gesprächspartner, und das keinesfalls, weil ihnen da eine Ausländerin, eine Deutsche, ins Haus geschneit war. Diese Art der Gesprächsführung gehört hier offensichtlich zum Verhalten von Lehrern. Tage zuvor hatte ich Ähnliches erlebt, in der Secondary School, auf dem Weg nach Sibsagar. Es geht allen Lehrenden hier offensichtlich nicht allein um reine Wissensvermittlung. Viel mehr steckt dahinter: Sie wollen ihre Schüler und Studenten durch ihr Vorbild, ihre Lebensweise begeistern, um die Talente und Fähigkeiten der Zöglinge liebevoll entfalten zu können. Das geht nicht ohne Hinwendung, stetige Hinwendung zum Anderen.

Eine lange Reihe kleiner Häuser im assamesischen Baustil bekräftigte diesen Eindruck. Sie stehen am Rande des Campus, die Wohnhäuser der Professoren. Selbst hier, im Lehrbetrieb der Universität, konnte man das gurukula-Prinzip spüren. Der Schulleiter der Secondary School hatte es vor einigen Tagen angedeutet. Es basiert auf dem altindischen, auf die Upanishaden zurückgehenden Erziehungsideal, dass Schüler mit der Familie des Lehrers zusammenleben, auf diese Weise in praktische, intellektuelle und spirituelle Lebensbereiche eingewiesen werden. Rabindranath Tagore, Indiens großer Dichter, hat dieses Erziehungsideal in dem von ihm gegründeten Schul- und Universitätsprojekt Santiniketan verwirklicht. Und hatte es nicht Sankardev auf Majuli in gleichem Maße einige Jahrhunderte zuvor getan?

Hier, auf dem Campus der Uni Guwahati, leben die Studenten zwar nicht mit ihren Professoren zusammen. Das Gurukula-Ideal hat eine moderne Form angenommen. Die Studenten können ihre Professoren bei Bedarf ohne größere Umstände erreichen. Sie haben die Möglichkeit, mit ihrem Prof. auch in dessen Freizeit zu sprechen. Liegt in diesem System das Geheimnis der Lernfreudigkeit indischer Schüler und Studenten? Sicherlich nicht allein. Man darf die kräftigen Investitionen, welche die indische Regierung dem Bildungswesen hat zukommen lassen, nicht vergessen. Denn aufgrund dieser Investitionen gibt es ausreichend gut ausgebildetes Lehrpersonal. Schließlich ist es kein Geheimnis, dass Indien bald mehr Hochschulabgänger haben wird als ganz Europa zusammen.

Die Universitätsbibliothek erwies sich im Vergleich zu den Gebäuden, in denen die Hörsäle untergebracht sind, als Riesenbau. Vier zweistöckige Gebäudetrakte, um einen weiten Innenhof errichtet, bergen eine immense Zahl wissenschaftlicher Werke, auch solche aus dem europäischen Raum. Stolz führte mich der Leiter der Bibliothek zu einem Schrank mit Werken von Goethe, Lessing, Rilke, Kant, um nur einige zu nennen. Als ich voller Freude einen Goethe-Band herausnahm, tanzten Staubwölkchen vor unseren Gesichtern. Die Bücher waren offensichtlich längere Zeit nicht benutzt worden. Doch was soll's, die Freude auf beiden Seiten war groß. Der Leiter der Bibliothek weidete sich an der gelungenen Überraschung, und ich freute mich ganz einfach, unvermutet Vertrautes in Händen zu halten.

Gern hätte ich mich noch länger auf dem Campus umgesehen, um beispielsweise mit Studenten ins Gespräch zu kommen, aber nach den vielfältigen Eindrücken machte sich eine bleierne Müdigkeit bemerkbar. So entschlossen wir uns, für eine längere Siesta ins Hotel zurückzufahren.

Der Abend sah mich wieder in der Hotelhalle. Diesmal kam ich mit einer sympathischen Frau ins Gespräch. Wie sich bald herausstellte, war sie als Managerin einer Bank auf Geschäftsreise. Stolz erzählte sie von ihrem zwölfjährigen Sohn und dessen Fortschritten in der Schule. Neugierig fragte ich sie, wie sich beides miteinander vereinbaren lasse – die aufreibende Tätigkeit als Managerin und ein intensives Familienleben. „Ach, ich weiß schon, was Sie meinen", lachte sie. „Bei Ihnen in Europa ist das sehr oft ein Problem. Bei uns nicht." In mein ratloses Schweigen hinein meinte sie leichthin: „Wir können leichter Job und Familie miteinander vereinen, weil uns die gesamte Familie, meist der weibliche Teil, unterstützt. Mütter, Schwiegermütter, Tanten, Cousinen, wer auch immer Zeit hat, findet es selbstverständlich, einen zu unterstützen. Das fängt meist schon während der Studentenzeit an. Andererseits helfe ich, wann immer ich kann, meinen Cousinen. Natürlich ist alles einfacher bei uns, weil Hauspersonal – noch – relativ billig ist."

Mir wurde klar, weshalb Mamoni Goswami, die assamesische Schriftstellerin, imstande ist, einen Großteil ihrer Zeit für Verhandlungen mit Aufständischen und Zentralregierung zu opfern.

Die Frauen, die ich bisher kennen gelernt hatte, gehörten ohne Zweifel der Ober- und der immer breiter werdenden Mittelschicht an, was übrigens nicht unbedingt etwas mit einer Kastenzugehörigkeit zu tun hat. Auch vom Leben der Teepflückerinnen konnte ich mir inzwischen ein Bild machen. Wie aber mag es den Seidenweberinnen gehen und den Frauen in den Slums, die es gewiss auch hier gibt? Diese Fragen mussten auf den nächsten, den letzten Tag meines Assam-Aufenthaltes verschoben werden. Falls ich überhaupt das Glück habe, sie beantwortet zu bekommen.

Bei den Seidenwebern von Sualkuchi, Abschied vom Brahmaputra

3. Dezember

Am Morgen meines vorletzten Tages hatte die Sonne Mühe, dichte Wolkenschleier zu durchbrechen. Mit meinem Denken ging es ähnlich. War es Abschiedsweh, das mich hinderte, klare Gedanken zu fassen, oder ganz einfach nur eine leichte Form von Erschöpfung? Der Frühstückskaffee sorgte für baldige Besserung und die Morgenzeitung für schlagartige Ernüchterung. Im Inneren des Blattes stand ein Kurzbericht, der von einem Mordfall handelte. Ein Mann war ermordet worden in – Sualkuchi. Sualkuchi? Ich versuchte, mich zu erinnern. War das nicht das Seidenweberdorf, das wir heute besuchen wollten?

Klarheit brachte Rajan, der mich abholte. „Wir fahren heute nach Sualkuchi zu den Seidenwebern", verkündete er. Vermutlich wusste er nichts von dem Mord oder tat jedenfalls so. Etwas anderes aber schien ihn sehr zu beschäftigen: „Ich habe zwei Nachrichten für Sie", fing er an, „eine gute und eine weniger gute. Die gute ist der Dollarkurs. Ich konnte ihre Dollars zu einem günstigen Kurs wechseln." Als ich immer noch schwieg, ergänzte er: „Und die schlechte Nachricht: Unser Auto ist heute Nacht gestohlen worden." „Was? Wo?" Ich war plötzlich hellwach. „Auf dem Parkplatz neben unserem Büro." „Und nun? Wie kommen wir nach Sualkuchi?" „Ganz einfach, mit einem anderen Wagen unserer Agentur."

Während wir in den Ersatzwagen kletterten, fiel mir siedend heiß ein, dass ich meine ach so geliebte, vor allem mollige und auch dekorative Stola in Alis Wagen hatte liegen lassen. „Meine Stola, Rajan, die Stola ist nun auch weg. Ich hatte sie im Wagen vergessen!" Zwar war es nicht das erste Mal, dass auf meinen Reisen etwas abhanden kam. Im Grunde muss man immer damit rechnen, und ich hatte bisher alles ziemlich leicht verschmerzt. Nur diese Stola, die lag mir besonders am Herzen. „Tut mir leid. Vielleicht bekommen wir den Wagen samt Stola auf irgendeine Weise zurück. Mein Onkel aus Kaziranga ist bereits hier, stellt Nachforschungen an und verhandelt mit der Polizei." Rajans Stimme klang mitleidsvoll und tröstend.

Später, auf der Fahrt nach Sualkuchi, fiel mir wieder die Mordgeschichte aus der Zeitung ein. Vorsichtig wollte ich das Gespräch darauf bringen, wohl wissend, dass man in Asien derartige Themen eher meidet. „Sualkuchi ist vermutlich ein größeres Dorf, nicht wahr?" schnitt ich wenigstens das Thema Sualkuchi an. „Oh ja, es ist das größte Dorf in Assam mit gut 50.000 Einwohnern, ein reines Handwerkerdorf, das man auch das ‚Manchester des Ostens' nennt, weil dort jährlich über sechs Millionen Meter weißer und goldener assamesischer Brokatseide hergestellt werden", erklärte Rajan nun wieder sehr sachlich und – wie könnte es anders sein – nicht ohne Stolz. „Das Seidenweben hat in Sualkuchi eine jahrhundertealte Tradition. Die Anfänge lassen sich bis ins elfte Jahrhundert zurückverfolgen", setzte er, einmal in Schwung gekommen, fort.

Beeindruckt machte ich Notizen, bis mir einfiel, etwas einzuwerfen, das ich zu Hause erfahren hatte: „Ich habe daheim in der Zeitung über die große Bedeutung der Seidenherstellung für Indiens Wirtschaft gelesen. Sie ist sogar so groß, dass es in der indischen Regierung eigens einen Minister dafür gibt. In Assam ist das sicherlich ähnlich, oder?" „Das ist bei uns ganz ähnlich. Schließlich gehören wir zur Indischen Union. Aber vergessen Sie nie: Assamseide mit den Namen Pat, Muga und Endi ist etwas exquisit Besonderes."

Damit hielt er mir die Wagentür auf, und ich musste wohl oder übel aussteigen, weil wir bereits mitten in Sualkuchi standen. Wie konnte man auch wissen, dass es sich bei den wenigen Häusern, die ich sah und die sich in üppiges Grün duckten, um das riesengroße Seidenweberdorf handelte. Das Grün verdeckte die Ausmaße. Überall lugten kleinere oder größere Anwesen, getrennt durch schmale Wege, aus der parkähnlich anmutenden Landschaft. Richtig romantisch wirkte alles.

Ob die Arbeitsbedingungen in den Webereien diesem Eindruck entsprachen? Und mir fielen Gerhart Hauptmanns „Die Weber" ein. Neugierig folgte ich Rajan in das Anwesen eines Seidenwebers, „Manufaktur" verbietet sich hier wohl zu sagen. Alles ist mit einfachsten Mitteln arrangiert. In einen kleinen Garten gebettet, duckt sich das Wohnhaus in dem gleichen Baustil, den ich aus den Dörfern, die wir bisher besucht hatten, kannte. Gegenüber, durch einen schmalen Fußweg getrennt, stand ein zweites, ähnliches Haus, aus dem die Geräusche arbeitender Webstühle drangen.

Ein hochgewachsener Assamese begrüßte uns herzlich und bat uns in das Haus mit den Webstuhlgeräuschen. „Eigentlich arbeiten wir heute nicht, weil Sonntag ist", erklärte er. „Aber morgen ist eine Lieferung fällig, zu der noch einige Stücke fehlen. Zwei Frauen aus meiner Verwandtschaft helfen uns trotz des arbeitsfreien Tages." Zu gerne hätte ich jetzt gefragt, ob es sich bei diesem Betrieb um ein Familienunternehmen handelt. Alles deutete darauf hin. Meine

Frage musste, wie so oft, warten. Denn der sympathisch wirkende Mann, unverkennbar der Inhaber, fuhr unbeirrt fort: „Wir arbeiten überwiegend mit Handwebstühlen. Dort sehen Sie aber bereits einen halbautomatischen Webstuhl, der Fortschritt, Sie verstehen?" Und wie ich verstand.

Der Stolz, mit dem er uns seinen halbautomatischen Webstuhl vorführte, ließ es nicht zu, dass ich ihn nach den Folgen dieser Anschaffung für die bei ihm Beschäftigten fragte. Immerhin musste er einer der wichtigsten Männer im Dorf sein. Rajan hatte ihn gewiss mit Bedacht ausgewählt. So verschob ich auch diese Frage auf eine passende Gelegenheit und folgte dem Hausherrn in sein Wohnhaus.

Dort durfte ich die exquisitesten Seidenstoffe bewundern, die ich je gesehen hatte. Einige Stoffbahnen fielen mir besonders auf. Sie sahen im wahrsten Sinne des Wortes „blendend schön" aus. Doch fühlten sie sich an wie Papier. Verunsichert, aber bemüht, meine Unwissenheit zu verbergen, suchte ich vorsichtig Rajans fachmännischen Rat. Brokatseide sei das, erklärte er höflich, eine besondere Spezialität in Sialkuchi. Ein wenig enttäuscht, weil ich mir diese kostbare Seide anders vorgestellt hatte, fragte ich vorsichtig, wer die Abnehmer solcher Kostbarkeiten seien. „Wir liefern große Partien nach Japan", war die knappe, zugleich unüberhörbar stolze Antwort des Hausherrn. Eine Frage nach Arbeitsbedingungen und Bezahlung der Weberinnen traute ich mich nicht zu stellen. Das schien mir zu unhöflich, zudem der nette Webereibesitzer offensichtlich in Eile und Sorge wegen der noch zu bewältigenden Arbeit war.

Auf der Rückfahrt nach Guwahati gelang es mir dann doch, einiges über die Seidenweberinnen zu erfragen. Sie seien teils Familienangehörige, teils aber auch angestellte

Arbeiterinnen, die allesamt je nach Arbeitsleistung entlohnt würden, so Rajan. Alle hätten somit ihr Auskommen, und niemand brauche zu hungern. Dass der Lebensstandard im Seidenweberdorf eher besser zu sein schien als in den bisher von mir besuchten Dörfern, die übrigens alle einen sauberen, ordentlichen Eindruck machten, war nicht zu verkennen.

Der Nachmittag führte uns dann noch einmal zum Brahmaputra. Abschied nehmen wollte ich von dem mächtigen Strom und vielleicht, mit etwas Glück, der „Charaidew", dem Schiff meiner ersten Assam-Reise, begegnen. Die Fahrt zum Ufer führte an den Slums von Guwahati vorbei. Anfangs hatte ich sie nicht bemerkt, die Hütten der Slumbewohner, und Rajan zog es vor, sich in Schweigen zu hüllen. Dennoch plagte mich die Neugier, Näheres zu erfahren. „Alles Assamesen, Hafenarbeiter vielleicht, die hier wohnen?" klopfte ich auf den Busch. „Überwiegend Flüchtlinge aus Bangladesh, denen es hier wesentlich besser geht", wich Rajan aus. „Die Not treibt sie her, meist nach einer verheerenden Überschwemmung oder einem Zyklon. Beides, Zyklone wie auch Überschwemmungen, sind, wie Sie wissen, in unserer Gegend keine Seltenheit. Bei allem Verständnis für die Lage dieser Menschen haben wir aber nicht wenige Probleme damit." Um welche Probleme es sich handelt, konnte ich mir denken, nur musste eine entsprechende Frage mal wieder warten, denn wir waren am „Charaidew-Anleger" angekommen, und der Fahrer hielt mir die Tür auf, damit ich aussteigen konnte.

Das Licht über den Wellen des vermeintlich träge dahinfließenden Brahmaputra ließ die Augen blinzeln. Ein Hauch sanfter Vertrautheit schlich sich in Denken und Empfinden. Von der lärmigen Stadt befreit, genoss ich noch einmal die Faszination dieses mächtigen Flusses. Sehnsüchtig hielt ich Ausschau nach dem Schiff, das mir ein Jahr zuvor eine Art heimatlicher Geborgenheit gegeben hatte. Aber die „Charaidew" ließ sich nicht blicken. Nach einer Weile sehnsüchtigen Wartens gab ich auf. „Vielleicht ist es besser, jetzt zum Hotel zurückzufahren", bat ich Rajan, der, gleichermaßen müde, nur zu gerne zustimmte.

Unterwegs machte ich noch einmal einen Vorstoß, Rajans Familiennamen zu erfahren, vorsichtig und, wie ich meinte, recht diplomatisch. „Sie gehören doch sicherlich zu der hier sehr bekannten und geachteten Baruaah-Familie, nicht wahr?" „Im weitesten Sinne ja, denn meine Mutter ist, wie Sie wissen, eine Baruaah", war die knappe Antwort, von der ich mir mehr versprochen hatte. Weitere Versuche ließ ich bleiben. Denn es schien offensichtlich, dass er seinen Familiennamen nicht verraten wollte. So setzte ich, nun erst recht neugierig geworden, meine Hoffnung auf ein Buch, das zu Hause lag. Darin war die Rede von einem Rajan, der Mark Shand, den Autor jenes Buches, in Dibrugarh und auf der Brahmaputra-Insel Majuli betreut hatte. Ich wusste, Rajan stammte aus Dibrugarh. Vielleicht handelte es sich um eben den Rajan, der jetzt still und offensichtlich sehr müde neben mir im Landrover saß. Was überhaupt tat Rajans Familienname zur Sache? Im Verlaufe meiner Reise war nicht zu übersehen, dass Rajan landauf, landab in Assam bekannt ist. Es genügte, nur von „Rajan" zu sprechen, und jeder wusste Bescheid. Vielleicht aber würde ich zu Hause in Mark Shands Buch einen Hinweis finden…

Erlebnisse beim Abflug

4. Dezember

Man sollte meinen, dass ein solcher Tag in der auf Flughäfen üblichen und sich überall annähernd gleichenden Routine unterging. Anfangs hatte es auch den Anschein. Rajan besorgte mir einen versierten Gepäckträger, der mit Geschick und Freundlichkeit alle Formalitäten bis hin zum Sicherheitsdienst regelte. Danach galt es, sich allein zurechtzufinden.

In der Wartehalle vor den Flugsteigen gab es kaum einen Sitzplatz. Wollten alle, die dort geduldig warteten, nach Kolkata? Irgendwie musste ich es herausfinden, denn es gab zwei Ausgänge, von denen keiner verriet, zu welchem Flug er gehörte. Vielleicht gelang es, Kontakt zu einigen Flugreisenden zu finden.

Eine Gruppe einheimischer Frauen, die mich, zwar neugierig, doch unverkennbar mit Zurückhaltung, musterte, schien das Richtige für ein Gespräch zu sein. Schließlich fällt man als allein reisende Ausländerin auf, erregt Interesse. Offensichtlich kam die Gruppe von einem Frauentreffen. Neben einer der Frauen war glücklicherweise ein freier Platz zu ergattern. „You are from?" hörte ich sie sagen, die übliche Frage, die einem hier immer wieder und überall gestellt wird. „From Germany", lächelte ich sie erleichtert und auf Hilfe hoffend an. „Oh, Germany, very interesting", lächelte meine Sitznachbarin höflich zurück. „I have been in Scotland last year", fügte sie an. Und dann erzählte sie ausführlich von Schottland.

Obwohl ich nur zu gerne meine Frage nach dem Kolkata-

Flug gestellt hätte, hörte ich selbstverständlich interessiert zu. Schließlich fällt man nicht gleich mit der Tür ins Haus und hat zudem in einem Wartesaal genügend Zeit für eine nette Plauderei. Als wir dann endlich auf unser Flugreiseziel zu sprechen kamen, bedauerte meine liebenswürdige Gesprächspartnerin: „Sorry, I am going to Delhi, not to Kolkata." In meine offensichtliche Enttäuschung hinein meinte sie tröstend: „No problem, my cousin will take care of you. He goes to Kolkata." Da war es wieder, das „No problem", das ich während meiner Reise so oft gehört hatte. Es gibt hier offensichtlich für alles eine Lösung, folglich auch keine Probleme – oder wenigstens selten.

Sie führte mich zu einem gut aussehenden, ausgesprochen distinguierten älteren Herrn, stellte mich vor und bat ihn, sich um mich zu kümmern. Wache Augen musterten mich, die ich keineswegs „ladylike", eher nach einer Globetrotterin aussah, ehe er ein freundliches „Nice to meet you", murmelte und sich weiter in seine Tageszeitung vertiefte.

Alles andere lief dann seinen gewohnten Gang. Nachdem unser Flug aufgerufen worden war, führte er mich zum richtigen Gate, und wir reihten uns in die lange Schlange der Wartenden ein, so wie es hier üblich ist.

Hinter uns gab es einige Unruhe, weil eine Reisegruppe, vermutlich aus einem westlichen Land, die assamesische Gepflogenheit mit dem geduldigen Schlangestehen offensichtlich nicht kannte. Aber auch hier „no problem". Eine freundliche Stewardess löste höflich lächelnd, aber sehr bestimmt, das Knäuel westlicher Touristen auf und brachte auch diese dazu, sich einzureihen.

Mit dieser Lektion nordostindischer Lebensart, randvoll

mit Erlebnissen und Erkenntnissen, nahm ich Abschied von Assam, bis mir unterwegs auf dem Rückflug die Lücken auffielen, die mein Wissen hatte. Wäre es nicht interessant, wenigstens noch eine der „Sieben Schwestern", einen weiteren nordostindischen Bundesstaat, gesehen und er-fahren zu haben? Und was war mit dem „Ras-Festival" auf Majuli, der riesengroßen Brahmaputra-Insel? Sollte man dieses bedeutende hinduistische Fest zu Ehren Krishnas nicht wenigstens einmal erlebt haben? Schließlich ist Majuli das kulturelle Zentrum Assams und birgt außer dem Ras-Festival, das ich um nur wenige Tage versäumt hatte, gewiss noch viele Geheimnisse.

Nur, wäre es nicht besser, die Neugier einzugrenzen, zufrieden zu sein mit der Erfahrung eines bei uns lückenhaft, eher klischeehaft bekannten Bundesstaates der Indischen Union, der Assam heißt? Gibt es doch ohnehin einiges zu berichten, das die Lücken größtenteils schließen und vor allem das Klischee „Dort gibt's ja nur Tee" beseitigen dürfte.

Mit dem Vorsatz, meine Neugier zu bezähmen, schrieb ich das Tagebuch – bis eine Weile später...

Dies aber ist im abschließenden Kapitel nachzulesen.

Meghalaya – Land in den Wolken

Die Lücken ließen mich nicht los. Neben Assam mit Kaziranga, Majuli und den Teeplantagen wollte ich auch Meghalaya besuchen. Übersetzt bedeutet Meghalaya „Land in den Wolken". Wie der Name verrät, handelt es sich um eine Gegend mit vielen Wolken, wohlgemerkt um Regenwolken, die im wahrsten Sinne des Wortes dort „zu Hause" sind. Denn Meghalaya ist der indische Bundesstaat mit den meisten und heftigsten Niederschlagsmengen, was viel heißen will, wenn man an den sommerlichen Monsun denkt, der ohnehin dem Subkontinent jährlich zwar lang ersehntes, doch wegen der Überschwemmungen auch gefürchtetes Nass bringt.

„Verlust von Religion ist Verlust von Kultur, Verlust von Kultur ist Verlust von Identität." Völlig unerwartet traf mich diese Feststellung des Ehemanns der Hohepriesterin eines der drei in Meghalaya ansässigen Volksstämme.

Von Shillong, der Hauptstadt Meghalayas, die in den Khasi-Bergen auf 1.500 Metern Höhe liegt, waren wir hinaufgefahren nach Smit, um dort die Hohepriesterin des Khasi-Stammes zu treffen. Die geographische Bezeichnung Khasi-Berge kommt übrigens nicht von ungefähr. Die Briten haben ganz einfach den drei großen, dem Himalaya vorgelagerten Bergzügen Meghalayas die Namen der dort siedelnden Stämme gegeben.

„Wir sind darauf bedacht, dass Rituale nicht zu Fotomotiven verkümmern", setzte der freundliche, dennoch sehr selbstbewusste, gut aussehende Mann seine einleitenden Worte fort. Verunsichert, nicht im Klaren, was er damit sagen wollte, schwieg ich erst einmal. Sollte das etwa ein verstohlener Hinweis auf touristische Gepflogenheiten sein? Dergleichen hatte ich nicht vor. Woher allerdings sollte er es wissen? Vielleicht gelang es, ihn durch mein Verhalten von meinen aufrichtigen, völlig anders gearteten Absichten zu überzeugen.

Ob seine Frau in gleicher Weise argumentieren würde? Die hätte ich lieber gesprochen, schon allein wegen ihrer Stellung als Hohepriesterin. Doch sie sei gerade unterwegs, um Besorgungen zu machen, beschied er uns. Also nahm er sich der neugierigen Fremden an, offensichtlich sehr geübt im Umgang mit Touristen und in keiner Weise unterdrückt, wie man sich bei uns das Zusammenleben in einem Matriarchat möglicherweise vorstellt. Denn, und das ist das Besondere an Meghalaya, alle drei Volksstämme dieses indischen Bundesstaates leben eine matrilineare Gesellschaftsform.

Jeder habe seine Aufgaben in der Ehe, auch bei den Khasi, erklärte er schmunzelnd, als seien ihm westliche Vorurteile bekannt. Das Matrilineare beziehe sich auf die Verwaltung des Vermögens. Das sei Aufgabe der Frauen, die dieses Amt an ihre jüngste Tochter weitergäben. Nur bei bedeutenden Entscheidungen, beispielsweise beim Verkauf von Land, müsse seine Frau ihren ältesten Bruder fragen, denn der sei unbestrittener Chef des Besitztums. „Und die Ehemänner sind Versorger der Familien, sind Lehrer und geistige Führer ihrer Kinder", vervollständigte er die Beschreibung des Familienlebens in seinem Stamm.

„Wie vereinbart sich wohl ein solches Familienleben mit dem Beruf einer Hohepriesterin?" wagte ich trotz aller Bedenken einzuwerfen. „No problem", lächelte er. „Sie macht das hervorragend. Es ist alles eine Frage der Organisation", erklärte er nicht ohne Stolz. „Meine Frau hat die Aufgabe von ihrer Mutter geerbt, eine ehrenvolle, für unseren Stamm sehr bedeutende Aufgabe. Sie ist Mittlerin zwischen Mensch und Gott in unserer Religion, der Khasi-Religion. Denn wir glauben an einen Gott, den Schöpfer des Universums, den wir ‚U Blei' nennen. Obwohl der Entstehungsgeschichte zufolge eher eine Naturreligion, geht es bei uns um den persönlichen Kontakt zwischen Mensch und Gott. Den vermittelt, wie gesagt, die Hohepriesterin, meine Frau, in unserer Sprache ‚Syiem Sad' genannt. Sie sorgt durch ihre Tätigkeit dafür, dass unsere alten Bräuche, alle uralten Khasi-Feste nach wie vor gefeiert werden und auf diese Weise unsere Kultur erhalten bleibt. Unberührt von der Tatsache, dass viele unserer Stammesgenossen das Christentum angenommen haben, fühlen wir uns allesamt durch die alten Riten verbunden."

Diese Erklärungen erhellten die mir zunächst unverständlichen Sätze am Anfang des Gesprächs, als er vom Erhalt der Kultur und von den Kulten, die nicht zu Fotomotiven ver-

Meghalaya, das Schottland Indiens

kümmern dürften, sprach. Insgeheim freute ich mich über den Entschluss, nach Meghalaya und nach Smit gefahren zu sein. Wo sonst erfährt man aus erster Hand, verständlich formuliert und vor allem unverblümt, derart Detailliertes über einen recht unbekannten, bei uns vermutlich völlig unbekannten Volksstamm?

Die Weiterfahrt durch das „Wolkenland", an jenem Tage übrigens ohne Wolken, gab Gelegenheit, sich über die Siedlungen der Khasi zu informieren. Alle machten einen sauberen, freundlichen Eindruck und waren unterhalb der Berghügel angelegt zum Schutz vor Stürmen und kalten Winden, was in einer Höhe von 1.600 bis 1.800 Metern durchaus sinnvoll ist. Ihre Haupterwerbsquelle sei die Landwirtschaft, erzählten sie uns. Gemüse-, Kartoffelanbau, Viehwirtschaft mit Schweinen und Rindern bilde für alle Familien eine mehr oder weniger ausreichende Lebensgrundlage, wenngleich sie am liebsten Reis äßen. Gegessen werde übrigens nur zweimal am Tag, meist um acht Uhr morgens und zum zweiten Mal abends. Ihre Reismahlzeiten würden sie mit gekochtem Schweine- oder Rindfleisch vervollständigen.

Alles deutete darauf hin, dass die Khasis im Vergleich zu manchen anderen Stämmen Indiens Armut nur in geringem Maße kennen. Vermutlich hängt das mit ihrer Lebenseinstellung zusammen, der zufolge man sich in Notlagen ganz selbstverständlich gegenseitig hilft.

Der Sonntag sei für sie ein wichtiger Tag, hörten wir in einem der Dörfer. An diesem Tag besuche man Angehörige und Freunde. Die Männer allerdings spielten zuweilen auch Fußball, obwohl bei den Khasi eine andere Sportart Tradition ist, das Bogenschießen, von dem sie sagen, es gebe es seit Anbeginn der Welt. Der Legende nach hat die erste Khasi-Frau auf Erden ihre beiden Söhne das Bogenschießen gelehrt und ihnen eingeschärft, niemals, unter keinen Umständen, die Beherrschung während eines Kampfes zu verlieren. Wir hatten das Glück, einen solchen Wettkampf, den die Khasi TEER nennen, einen Tag später in Shillong zu erleben.

Es war eine größere Veranstaltung, bei der mindestens zehn Mannschaften miteinander wetteiferten, verhältnismäßig kleine Pfeile – es waren mehr als tausend – ins Ziel, einen mit Sackleinen umhüllten Baumstumpf, zu schießen. Und tatsächlich ging alles in Ruhe und mit äußerster Konzentration vor sich. Keiner der Teilnehmer verlor die Beherrschung, gleich ob Verlierer oder Sieger.

Der Nutzen dieser von den Khasi seit Urzeiten trainierten Selbstbeherrschung wird klar, wenn man erfährt, dass sie sich nicht ausschließlich von der Landwirtschaft ernähren, sondern auch mit Jagen und Fischen für Abwechslung auf ihrem Speiseplan sorgen.

Andere Erfahrungen machten wir bei den Jaintia in den Jaintia-Bergen Meghalayas. Die Jaintia sind, anders als die Khasi, zum Hinduismus konvertiert. Sie ernähren sich überwiegend vegetarisch, meiden vor allem Rindfleisch. Allenthalben finden sich in der von bewaldeten Hügeln durchzogenen Landschaft weite Gemüsefelder. Vor allem Kartoffeln bauen die Jaintia an, die besten übrigens in Nordostindien, wie uns versichert wurde.

Die gut ausgebaute Staatsstraße durch die Jaintia-Berge überraschte mit lebhaftem Verkehr, den ich in dieser vermeintlich abgelegenen Gegend nicht vermutet hatte. Last-

Bogenschießen - Nationalsport der Khasi

wagen und immer wieder Lastwagen begegneten uns, und sie alle fuhren Richtung Shillong. „Werden hier irgendwelche wichtigen Waren transportiert, Lebensmittel, Gemüse vielleicht?" fragte ich Rajan, der mich auch auf dieser Reise begleitete. „Nein, Kohle, Steinkohle. In Meghalaya verwendet man kein Holz zum Kochen, sondern Kohle. Man braucht kein Holz, höchstens – aber selten – als Bauholz. Deswegen die dicht bewaldeten Hügel. Es sind größtenteils Koniferen, die hier wachsen, vermutlich eine asiatische Kiefernart. Den genauen Namen weiß ich im Moment nicht", lächelte er, als wir in einem Waldstück hielten.

Später erfuhren wir, dass die meisten der kleinen, privat betriebenen Kohlebergwerke von Frauen geleitet werden, denn auch die Jaintia leben eine matrilineare Gesellschaftsform.

Und auch dieser Stamm Meghalayas wahrt, ähnlich wie die Khasis, seine traditionellen, althergebrachten religiösen Riten. Im Marktort Nartiang wird das besonders augenfällig.

Es sind die mehr als fünfhundert Jahre alten Grabanlagen, Law Mulong genannt, in der Nähe von Nartiang. Grob behauene Monolithen, einer sogar zwanzig Fuß hoch, ragen dort in den Himmel. Völkerkundler nennen diese Gräber Klanggräber, deren jedes aus bis zu sieben Monolithen und einer Steinplatte besteht. Der Leib des oder der Verstorbenen wird verbrannt und die Asche unter den Dolmen bestattet. So kehrt nach traditionellem Glauben der Jaintia die Seele zur Urmutter zurück. Gleich neben dem Kultplatz Law Mulong stehen, nur durch eine niedrige Steinmauer getrennt, einfache, ortsübliche Marktstände, zusammengezimmert aus unbehauenen Stämmen mit einem Wellblech- oder Palmstrohdach. Benutzt werden die Marktstände nur dann, wenn auf Law Mulong eine traditionelle religiöse Feier (Puja) stattfindet, und das soll nicht eben selten vorkommen. Der Marktplatz gilt übrigens als ebenso heilig wie Law Mulong selbst, was aber die Kinder des Dorfes nicht hindert, zwischen den Grabanlagen, wohlgemerkt dort und nicht auf dem Marktplatz, Fußball zu spielen. Eine Entweihung? Keineswegs. Die Jaintia sehen das anders.

Und noch eine Besonderheit, die an alte Zeiten, an uralte Traditionen erinnert, fanden wir in Nartiang, den Nartiang-Tempel. Dem ersten Anschein nach ist er ein Hindu-Tempel, ein sehr alter, aus der Zeit der Nartiang-Könige und jetzt der Hindu-Göttin Durga geweiht, was auf Blutopfer hinweist. Wie im Kamakhya-Tempel in Assams Hauptstadt Guwahati werden auch hier Lebewesen, Ziegen genauer gesagt, geopfert, indem man sie köpft. Die geopferten Köpfe rollen durch einen steilen Tunnel hinunter in den Fluss Myntang am Fuße des Hügels, auf dem der Tempel steht. Während der Durga-Puja, dem Fest zu Ehren der Göttin Durga, rollen unzählige Köpfe durch besagten Tunnel. Früher, so wird berichtet, sollen es die Köpfe von Feinden gewesen sein, denn einige Gegenden Nordostindiens galten bis vor etwa dreißig Jahren noch als von Kopfjägern bewohnt, die traditionell der Auffassung waren, dass blutbenetzte Erde reiche Frucht trage. Die Jaintia gehörten offensichtlich dazu.

Wie es die Garo in den Garo-Bergen hielten, konnten wir nicht erfahren. Alle Wege dorthin, in den Westen Meghalayas, waren unpassierbar, weil ein paar Tage zuvor der Zyklon Sidr ausgerechnet diese Gegend verwüstet hatte.

Die Weiterfahrt quer durch Assam zur Brahmaputra-Insel Majuli gab mir Gelegenheit, nicht nur fehlendes Wissen zu ergänzen, sondern auch alte Bekannte zu besuchen. Lady Jane, auf die ich mich besonders freute, um ihr, wie versprochen, über „old Germany" zu berichten, war nicht aufzufinden. Ist sie womöglich doch nach England zurückgekehrt?

Stattdessen gab es im Kaziranga-Nationalpark eine Nachricht, die nicht nur dort, sondern weltweit bei Naturschützern mit Bestürzung aufgenommen worden war. Während der großen Flut haben Wilderer elf der wertvollen indischen Nashörner getötet. Die Tiere hatten in Panik das von Rangern gesicherte Naturreservat verlassen und waren außerhalb des geschützten Bereichs zur leichten Beute der Wilderer geworden. Nichtsdestoweniger hatten wir während unserer Fahrt das Glück, eines dieser seltenen Tiere friedlich grasend an einem Waldrand zu entdecken.

Die Hauptstraßen waren wie beim letzten Besuch in gutem Zustand und wurden gerade um eine neue Durchgangsstraße ergänzt. Sie soll nicht allein dem Güterverkehr, sondern auch dem langsam aufkeimenden Tourismus dienen.

Die Zahl der Unterkünfte für Touristen, vor allem für ausgesuchte, kleine Touristengruppen, hatte man um einige komfortable, nämlich um die ehemaligen Landsitze der Teeplantagenbesitzer, erweitert. „Tea Bungalows" wie Wild Masheer oder Burro Sahibs Bungalow versprechen Touristen einen angenehmen Aufenthalt, der sie das „Tee-Land" Assam eindrucksvoll erleben lassen dürfte. Erst kürzlich ist Wild Masheer vom indischen Tourismus-Minister als beste von 2.100 ähnlichen Unterkünften aus ganz Indien ausgezeichnet worden. Und nicht zu vergessen Thengal Manor, das ehemalige Ferien-Domizil der Raja-Familie unweit Jorhats. Dieses stilvolle Haus war vermutlich das erste, das sich für kleine Touristengruppen geöffnet hatte.

Das Bemühen, sich behutsam und mit großer Bedacht dem Tourismus zu öffnen, war nicht zu verkennen. Augenscheinlich haben die Assamesen aus den sich auch dort langsam herumsprechenden negativen Auswirkungen des Tourismus gelernt. Offensichtlich planen sie, aus dem Tourismusgeschäft zwar wirtschaftlichen Nutzen zu ziehen, ihre Kultur aber so weit als möglich vor schädlichen Einflüssen zu schützen. Die Balipara Tract and Frontier Foundation, eine Nicht-Regierungs-Organisation mit Sitz im Wild Masheer, wird dafür sorgen.

Am Fähranleger zur Insel Majuli herrschte nicht nur die gewohnt rege Betriebsamkeit. Es empfing uns eine unübersehbar scheinende Menge von Fahrzeugen, die alle nach Majuli übersetzen wollten. Der Grund: das Ras-Festival. Auf der Insel das gleiche Bild. Wesentlich mehr Verkehr auf den wenigen Straßen und überall Menschen, die festlich gekleidet an Verkaufsständen vorbei promenierten oder in Gruppen zusammenstanden. „Es ist üblich und vor allem Tradition, zum Ras-Festival, das der Verehrung Krishnas gewidmet ist, seine auf der Insel lebenden Verwandten zu besuchen", erklärte Rajan. Einmal im Erklären, fügte er noch an, dass die Assamesen dieses Fest „Rach-Festival" nennen. „Ras" werde „Rach" ausgesprochen. Das sei so ähnlich wie mit dem Wort „Assam", das „Achom" gesprochen werde.

Abends dann der Höhepunkt des Ras-Festivals, die Aufführung chronologisch geordneter Szenen aus dem Leben Krishnas. Jede der zweiundzwanzig Satra-Klostergemeinschaften führt an zwei Abenden des dreitägigen Festes dieses Sakral-Kunstwerk auf. Es wird annähernd das gesamte Leben dieses Hindu-Gottes erzählt mit Gesang, Erzählungen, Tanz und Musik. Dem äußeren Anschein nach gleicht die Aufführung einer Oper. Für gläubige Hindus jedoch ist sie von weitaus größerer, von spiritueller Bedeutung. Sie soll die Verbindung zwischen der Seele, dem universellen, unsterblichen Selbst (Atma) und dem Allmächtigen (Paramatma) herstellen, soll Zuschauer und Akteure in die kostbare Ebene von Spiritualität heben. So jedenfalls der Kerngedanke.

Wir hatten das Glück, eine Aufführung mit den Mönchen des Uttar Kamalabari Satra zu erleben. Schönheit, sanfte Eindringlichkeit und Länge der Aufführung von etwa sechs Stunden können in jedem Fall Spirituelles vermitteln, wenn da nicht etwas gewesen wäre, das diese Absicht stark geschmälert hat: das Publikum. Nicht alle, versteht sich, aber ein größerer Teil der Besucher schien mit anderem beschäftigt zu sein, mit Trinken, lautstarken Gesprächen, Hinausgehen, Hereinkommen, fröhlichem Lachen und wer weiß was. Andere hingegen, die in den vorderen

Sitzreihen, folgten der Aufführung in heiterer Gelassenheit und mit Ruhe, was allerdings nicht unbedingt Andacht im landläufigen westlichen Sinne bedeutet. Spiritualität dürfte zwar im Westen wie im Osten annähernd gleich sein, nur die äußeren, von der jeweiligen Kultur geprägten Umstände sind anders, so auch das Verhalten der Menschen. Und die Zuschauer im hinteren Teil des Saales empfanden alles offensichtlich eher als traditionelle Zugabe zu ihren Verwandtenbesuchen. Die Bedeutung der Aufführung war ihnen gewiss bekannt, nur deren spiritueller Anspruch schien ihnen lästig zu sein. Das sei übrigens nicht immer so gewesen, erfuhr ich von einer meiner Sitznachbarinnen.

„Das ist nicht immer so gewesen…" Dieser Satz riss mich schlagartig in die Wirklichkeit zurück. Auch hier im äußersten Nordosten Indiens ist die Zeit nicht stehen geblieben, selbstverständlich. Alles ändert sich, alles fließt. Man muss nicht an Buddha oder Heraklit denken, um sich klar zu machen, dass Veränderungen unvermeidlich sind. Nur das atemberaubende Tempo, mit dem sich heutzutage alles, vor allem auch das Verhalten der Menschen, ändert, scheint neu zu sein.

Auch dort, wo wir Westler meinen, die Welt habe sich kaum verändert, tut sich einiges, das unmerklich das Gespür für ethische Werte ändert. Ich hoffe, die alten Kulturen Asiens werden die Kraft haben, dieser Entwicklung entgegenzusteuern…

In Burro Sahibs Bungalow

*tau tränkt blüten
mit Perlen groß wie regentropfen
bäume der teeplantage
recken sich dem himmel zu –
dem sanften wind zuhören
und
die farben des regenbogens
trinken mögen.*

*in der ferne ein streik
der gefürchtete bandh.
unfrieden, intoleranz
füttern die köpfe.*

kennt der weg sein ziel?

Dank

Dank schulde ich meinen Freunden und Betreuern in Indien, vor allem Rajan aus Assam und Sumit aus Kolkata für ihre Umsicht und Geduld im Umgang mit der neugierigen älteren Dame. Dank aber auch unseren Fahrern Kurban, Ali und Siradj, die weder durch schwierige Straßenverhältnisse noch durch Reifenpannen aus der Ruhe zu bringen waren. Nicht zu vergessen ist mein Dank dem Schiffsführer der „Charaidew" mit seiner Besatzung, die dafür gesorgt haben, dass meine Neugier auf Assam und Indiens Nordosten unbezähmbar wurde.

Weitere Bücher von Margarete Franz

Zwei Frauen, zwei Sherpas und ein Yak
Himmerod 1995, 127 Seiten, ISBN 3-921632-19-6

Die Gobi riecht nach Schnittlauch
– Impressionen aus der Mongolei und Nepal –
Himmerod 1997, 208 Seiten, ISBN 3-931632-24-2

Militär und Lamas
– Begegnungen in Klein-Tibet –
Himmerod 1999, 159 Seiten, ISBN 3-921632-30-9

Friedensspuren im vergessenen Bürgerkrieg
– Szenen aus dem Sudan –
Himmerod 2001, 128 Seiten, ISBN 3-921632-34-X

Die Mongolei – nicht nur ein Reiseland
– Ungewöhnliche Reise-Impressionen –
Herdecke 2001, 95 Seiten, ISBN 3-89704-147-2

Mit dem Holzboot auf sibirischen Flüssen
– Spurensuche in der Taiga –
Herdecke 2001, 93 Seiten, ISBN 3-89704-166-9

Das mongolische Liebeslied
– Erlebnisse im Himalaya, in Sibirien, Tibet und in der Mongolei –
Willebadessen 2005, 98 Seiten, ISBN 3-931123-81-2

Taiga, Steppe und Schamanen
– Begegnungen mit zentralasiatischen Schamanen –
Willebadessen 2008, 89 Seiten, ISBN 978-3-938368-96-1

Margarete Franz erzählt von ihren Begegnungen auf Reisen
in ferne Länder und Erdteile
– Dokumentation aus der Reihe „Eschborner erzählen" –
erstellt von Hansjörg Ziegler, Eschborn 2003, 114 Seiten

Als Expat in Indien

So vielfältig wie Indiens Landschaften, so verschiedenartig wie seine Menschen und so bunt wie die Kultur dieses riesigen Subkontinents, so sind auch die Geschichten, Kommentare und Anekdoten der Autorin - indisch eben.
Nicole Quint hat in mehreren indischen Bundesstaaten gelebt und gearbeitet. Mal erzählt sie mit Witz und Humor, mal nachdenklich und mal mit kritischem Blick von der Zeit, in der ihr Indien zwar nicht zur Heimat, aber doch zu einem Zuhause geworden ist.

Erhältlich im Buchhandel und bei www.traveldiary.de.

Auf nach Indien

Ein Mix aus Erlebnisberichten und Einblicken in Menschen und Seele des indischen Subkontinents – würzig wie es das Land verspricht!

Indien ist für sie Abenteuer, Neue Welt oder auch wahre Heimat. Jeder der acht Autoren erlebt das Land auf seine persönliche Weise spannend und fesselnd. So unterschiedlich wie ihre Eindrücke, sind die Berichte der **Autoren ohne Grenzen**, die sich aufgemacht haben, auf nach Indien…

Erhältlich im Buchhandel und bei www.traveldiary.de.